Selina Hangartner

Wild at Heart and Weird on Top

Spielformen der Ironie im Film

FILM- UND MEDIENWISSENSCHAFT

Herausgegeben von Irmbert Schenk und Hans Jürgen Wulff

ISSN 1866-3397

28 *Marlies Klamt*
  Das Spiel mit den Möglichkeiten
  Variantenfilme – Zwischen Multiperspektivität und Chaostheorie
  ISBN 978-3-8382-0811-4

29 *Ralf A. Linder*
  Zwischen Propaganda und Anti-Kriegsbotschaft:
  Die Darstellung des Krieges im US-amerikanischen Spielfilm
  als Indikator gesellschaftlichen Wandels
  ISBN 978-3-8382-0750-6

30 *Jana Zündel*
  An den Drehschrauben filmischer Spannung
  Zeit und Raum bei Alfred Hitchcock.
  Verzögerungen und Deadlines, klaustrophobische und expansive Räume
  ISBN 978-3-8382-0940-1

31 *Seraina Winzeler*
  Filme zwischen Spur und Ereignis
  Erinnerung, Geschichte und ihre Sichtbarmachung im Found-Footage-Film
  ISBN 978-3-8382-0414-7

32 *Tobias Dietrich*
  Filme für den Eimer
  Das Experimentalkino von Klaus Telscher
  ISBN 978-3-8382-1094-0

33 *Silvana Mariani*
  O Canto do Mar: Die Ästhetisierung von Realität?
  Reflexionen über den Realismus bei Alberto Cavalcanti
  ISBN 978-3-8382-1100-8

34 *Marius Kuhn*
  Im weiten Feld der Zeit: Die filmischen Transformationen des Romans *Effi Briest*
  ISBN 978-3-8382-1141-1

35 *Noemi Daugaard*
  Grauenvolle Atmosphären: Tondesign und Farbgestaltung als affektive und
  subjektivierende Stilmittel in THE SILENCE OF THE LAMBS
  ISBN 978-3-8382-1190-9

36 *Selina Hangartner*
  Wild at Heart and Weird on Top: Spielformen der Ironie im Film
  ISBN 978-3-8382-1214-2

Selina Hangartner

Wild at Heart and Weird on Top

SPIELFORMEN DER IRONIE IM FILM

ibidem-Verlag
Stuttgart

Bibliografische Information der Deutschen Nationalbibliothek
Die Deutsche Nationalbibliothek verzeichnet diese Publikation in der Deutschen Nationalbibliografie; detaillierte bibliografische Daten sind im Internet über http://dnb.d-nb.de abrufbar.

Bibliographic information published by the Deutsche Nationalbibliothek
Die Deutsche Nationalbibliothek lists this publication in the Deutsche Nationalbibliografie; detailed bibliographic data are available in the Internet at http://dnb.d-nb.de.

Gedruckt auf alterungsbeständigem, säurefreien Papier
Printed on acid-free paper

ISSN: 1866-3397

ISBN: 978-3-8382-1214-2

© *ibidem*-Verlag
Stuttgart 2018

Alle Rechte vorbehalten

Das Werk einschließlich aller seiner Teile ist urheberrechtlich geschützt. Jede Verwertung außerhalb der engen Grenzen des Urheberrechtsgesetzes ist ohne Zustimmung des Verlages unzulässig und strafbar. Dies gilt insbesondere für Vervielfältigungen, Übersetzungen, Mikroverfilmungen und elektronische Speicherformen sowie die Einspeicherung und Verarbeitung in elektronischen Systemen.

All rights reserved. No part of this publication may be reproduced, stored in or introduced into a retrieval system, or transmitted, in any form, or by any means (electronical, mechanical, photocopying, recording or otherwise) without the prior written permission of the publisher. Any person who does any unauthorized act in relation to this publication may be liable to criminal prosecution and civil claims for damages.

Printed in the EU

Inhaltsverzeichnis

1	**EINLEITUNG: VON DER SATIRE ZUR UNIVERSELLEN IRONIE**	**7**
1.1	DIE FILMISCHE IRONIE	9
1.2	AUFBAU UND LITERATUR	11
2	**IRONIE: DEFINITION**	**15**
2.1	IRONIE ALS RHETORISCHES REGISTER	16
2.2	IRONIE ALS KOMMUNIKATIONSFORM	22
2.2.1	IRONIE UND INTENTIONALITÄT	25
2.2.2	REZEPTIONSÄSTHETISCHE ASPEKTE	29
2.3	IRONIE ALS GEISTESHALTUNG	35
2.3.1	ROMANTISCHE IRONIE	36
2.3.2	IRONIE UND KONTINGENZ	38
3	**DIMENSIONEN DER IRONIE IM FILM**	**43**
3.1	MITGETEILTES UND ERWARTETES	44
3.1.1	KONGRUENZERWARTUNG UND DISKURSIVE GEMEINSCHAFTEN	44
3.1.2	INTERTEXTUALITÄT	47
3.2	MITGETEILTES UND GEMEINTES	53
3.3	GEMEINTES UND WERTHINTERGRUND	56
3.3.1	SATIRE UND SATIRISCHES	57
3.3.2	REVISIONIST MYTHMAKING	59
3.3.3	KRITIK AM MYTHOS	61
3.3.4	POSTMODERNE IRONIE	65
4	**FALLSTUDIEN: IRONIE IM FILM, IRONIE DES FILMS**	**71**
4.1	WILD AT HEART (1990) ZWISCHEN VERKLÄRUNG UND KRITIK	71
4.2	ZEICHEN UND MYTHOS IN THE GRAND BUDAPEST HOTEL (2014)	80
4.3	NIVELLIERUNG UND KONTINGENZ IN A SERIOUS MAN (2009)	88
5	**FAZIT: SPIELFORMEN FILMISCHER IRONIE**	**97**
6	**FILMVERZEICHNIS**	**103**
6.1	FALLBEISPIELE	103
6.2	WEITERE BEISPIELE (IM TEXT ERWÄHNT)	103
7	**LITERATURANGABEN**	**107**

1 EINLEITUNG: Von der Satire zur universellen Ironie

TAKE THE MONEY AND RUN (Allen, USA 1969) erzählt von den gesetzeswidrigen Eskapaden des Kleinkriminellen Virgil Starkwell (Woody Allen). Einst im Armenviertel von San Francisco aufgewachsen, möchte er sich zurückholen, was ihm das Leben genommen hat. Trotz seines Übermaßes an krimineller Energie stellt sich bald heraus, dass Virgil kaum zum Verbrecher taugt: Anstelle einer echten Waffe besorgt er sich ein ähnlich geformtes Feuerzeug, das ihm bei Schießereien mit der Polizei nichts nützt, er stiehlt die Fensterscheibe eines Juweliergeschäfts statt die kostbare Ware dahinter, und im schicken Restaurant bezahlt er mit zahlreichen Pennys, die er zuvor aus einem Kaugummiautomaten entwendet hat. Als Konsequenz seiner Taten landet Virgil mehrmals hinter Gittern, manchmal gelingt ihm die Flucht. Am Ende des Films aber kassiert er ein Urteil von 400 Jahren Haft – wobei Virgil guter Dinge ist, dass er bei ordentlicher Führung schon nach der Hälfte der Zeit wieder entlassen werde.

Abbildung 1-3: Woody Allen als der geborene Versager und Wahl-Verbrecher Virgil aus TAKE THE MONEY AND RUN (Allen, USA 1969): In einer Slapstick-Nummer erlernt Virgil ein Instrument, um in einer Marschkapelle zu spielen. Das Cello – so muss er bald lernen – erweist sich aber als unglückliche Wahl, um musizierend zu marschieren.

O BROTHER, WHERE ART THOU? (Coen, USA 2000) handelt ebenfalls von einem kleinkriminellen Sonderling; von Ulysses Everett (George Clooney). Dieser begibt sich, angekettet an zwei Mithäftlinge, auf die Flucht aus einer Chain Gang. Dabei durchleben Ulysses und seine beiden Gefährten eine Reihe von Abenteuern, in denen sie sich wiederholt selbst in Gefahr begeben: Sirenenhafte Frauen verführen sie, ein Bibelverkäufer klaut ihr Geld, und sie geraten mit dem Grand Wizard des Ku-Klux-Klans aneinander. Nachdem der ‚Held' im letzten Moment durch ein Wunder biblischen Ausmaßes seinem sicheren Tod entkommt, mündet die Odyssee durch die Südstaaten der Depressionszeit in der Wiedervereinigung mit seiner Liebsten.

Woody Allens moderne Satire und das filmische Märchen der Coen-Brüder widmen sich einer ähnlichen Thematik: beide erzählen von geglückten und misslungenen Versuchen ihrer jeweiligen Hauptfiguren, sich dem Gesetzeszugriff zu entziehen. Die Protagonisten sind gewillt, aber gänzlich unfähig, ihr Schicksal in die Hand zu nehmen und den ökonomischen wie auch gesellschaftlichen Verpflichtungen des Lebens nachzukommen. TAKE THE MONEY AND RUN und O BROTHER, WHERE ART THOU? zitieren das Hollywood-Kino vergangener Jahrzehnte, etwa den Gangster-Film, der vom Aufstieg und Fall teils echter, teils fiktiver Krimineller erzählt. Beide Filme spielen mit Stereotypen und Klischees ihrer Zeit und handeln insgeheim vom (un-)erreichbaren amerikanischen Traum. Ihre Geschichten erzählen sie hierbei ironisch: Bild und Ton inszenieren eine Geschichte, während sich *auf weiteren Ebenen neue Sinngehalte und Haltungen* verbergen.

Trotz ähnlicher Handlungsstruktur ist die filmische Umsetzung der jeweiligen Spielform von Ironie in beiden Filmen grundsätzlich verschieden. In Allens TAKE THE MONEY AND RUN gaukelt eine seriös klingende Voice-Over und die Mischung aus Fotografien, Archivaufnahmen und farbigem Filmmaterial eine pseudo-dokumentarische Inszenierung vor. Diese Ernsthaftigkeit wird durch das slapstickhafte Schauspiel Allens und die surrealen Begebenheiten ironisch gebrochen und ins Absurde gedreht – etwa dann, wenn sich Virgil nach einem medizinischen Experiment für einige Stunden in einen bärtigen Rabbi verwandelt. Allens Film nimmt Anleihen bei Gangster-Filmen der 1930er Jahre, die ihrerseits schon vom amerikanischen Traum handelten, um vor diesem Hintergrund seine moderne satirische Gesellschafts- und Medienkritik zu entfalten. Es ist Virgils Wunsch, zu den meistgesuchtesten Verbrechern zu gehören – so wie seine filmischen Vorbilder. Und als die Justiz entschieden hat, dass Virgil 400 Jahre hinter Gitter verbringen soll, spricht ein Mädchen auf der Straße tatsächlich so von ihm, als wäre er ein Pop-Idol. *Crime does pay* – das moralische Märchen des amerikanischen Aufstiegs wird verdreht.

O BROTHER, WHERE ART THOU? hingegen präsentiert keinen bissigen Kommentar zu Vergangenheit und Gegenwart mehr, sondern zeigt eine durch und durch stilisierte, postmoderne Bilderwelt, die keinen Moment lang vorgibt, einer außerfilmischen Realität zu entsprechen. Das Zitat aus Homers Odyssee zu Filmbeginn stimmt die Zuschauer auf eine epische Geschichte ein, die der Mythenwelt und nicht der Realität entstammt. Im Gegensatz zu Allens Werk existiert hier keine satirische Version der Realität mehr: O BROTHER, WHERE ART THOU? ist viel eher ein metadiskursives Märchen, eine Erzählung über Erzählungen und ein durch und durch postmodernes Erzeugnis.

Abbildung 4-5: Die postmoderne Bilderwelt in O BROTHER, WHERE ART THOU? (Coen, USA 2000) scheint kaum mehr einer außenfilmischen Realität zu entsprechen.

Da beide Filme ironisch erzählen, muss es *unterschiedliche Spielformen filmischer Ironie* geben: auf der einen Seite die bissige, satirische Ironie aus Allens TAKE THE MONEY AND RUN, die offensiv ein mediales Abbild und reale Lebensentwürfe kritisiert und die Zuschauer korrektiv auf die Problematik von Klischees hinweist, und am anderen Ende des Spektrums die mildere, postmoderne Form der uneigentlichen Mitteilung, wie sie in O BROTHER, WHERE ART THOU? dechiffriert werden kann. Hier präsentiert Ironie nicht länger eine spezifische Kritik, sondern sie ist universeller gestaltet: sie wendet sich mit spielerischer Lust medialen Stereotypen zu und kann in ihrer metadiskursiven Form grundlegendere Fragen zu narrativen Diskursen evozieren.

Spielformen des uneigentlichen Erzählens wie diesen möchte diese Arbeit nachgehen. Hierfür sollen existierende Ironie-Konzepte beleuchtet und für das Medium Film als Analyseinstrumentarium fruchtbar gemacht werden.

1.1 Die filmische Ironie

In der filmtheoretischen Literatur und in der Filmkritik ist filmische Ironie noch selten konzeptualisiert worden ist. Daher verfolge ich mit dieser Masterarbeit das Ziel, den Begriff für das Medium Film zu fassen und für Analysen fruchtbar zu machen.

Filmische Ironie bietet die Chance, sich nicht nur in einen Diskurs einzuschreiben, sondern darüberhinaus weitere Bedeutungsebenen und Geisteshaltungen zu vermitteln – das macht sie zur zugleich komplexen und subtilen Kommunikationsform.

Dabei ist Ironie thematisch und evaluativ offen, und so durchzieht sie die Filmgeschichte in verschiedensten Verwendungen. Diese Arbeit geht davon aus, dass ein ironischer Kommunikationsmodus auf mehreren Ebenen möglich ist: Ironie kann lokal begrenzt sein und die Bedeutung eines einzelnen Bildes oder einer Aussage in ihr Gegenteil kehren, oder sich – weit universeller – in einem kinematografischen Werk als Sicht auf die Welt manifestieren. Weiter erlaubt ein ironischer Rezeptionsmodus, Filme auf mehreren Bedeutungsebenen oder mit einer distanzierten Haltung zu rezipieren.

Ironisches im Film theoretisch zu fassen ist ein faszinierendes Unterfangen, auch deswegen, weil es eine Bandbreite an Nuancen und pragmatischen Funktionen umfasst: während manche Filme mit satirischem Unterton kommunizieren und in ihrer doppelten Bedeutungsform auf einen Missstand hinweisen, können andere filmische Erzählungen durch eine intertextuelle Adaption gängige Mythen und Stereotypen demontieren. Ironie kann im letzteren Sinne auch als das Vermeiden ‚falscher Unschuld' bei der spielerischen Wiederbelebung standardisierter kultureller Formeln funktionieren (vgl. Eco 1988: 76).

Die gängige Definition[1] bezeichnet Ironie als eine polyseme Struktur[2], bei der das eine mitgeteilt und das andere gemeint wird. Auf dieser Grundbestimmung von Ironie als rhetorischem Modus und als semantischer Operation baut diese Arbeit auf. Denn diese grobe Definition ermöglicht es, Ironie auf unterschiedlichen Werk-Ebenen und in all ihren pragmatischen Dimensionen zu denken.

Zunächst wird eine *semantische Definition* der Ironie für die Kommunikationsmittel des Films beschrieben. Denkt man Ironie im Sinne einer *pragmatischen Definition*, so beschreibt sie zusätzlich eine kommunikative Situation mit Kontext und Wirkung: ironische Kommunikation teilt nämlich nicht nur uneigentlich mit, son-

---

[1] Hans Jürgen Wulff beschreibt Ironie wie folgt: „man sagt etwas, aber man meint es nicht wörtlich, sondern uneigentlich bis ins Gegenteil" (1999: 259). Weitere Autoren, die in dieser Masterarbeit erwähnt werden, gehen von der gleichen Grundlage aus – weshalb im Folgenden diese Definition als *gängige Formel der Ironie* gefasst wird.

[2] ‚Polysemie' oder ‚Ambiguität' bezeichnet nach Hans Jürgen Wulff (2014) das mehrfache Bedeuten eines Terminus oder Textes. Wulff schreibt dazu: „Ein polysemer Text ist ein Text, der mehrere, strukturell-systematisch verschiedene, Bedeutungen hat. Der gleichen Textoberfläche sind also verschiedene semantische Interpretationen zuordenbar, die alle Aspekte der semantischen Organisation des Textes betreffen können" (2014). Aufgrund ihres mehrfachen Bedeutens besitzt auch Ironie eine polyseme Struktur – „Polysemie eröffnet die Spielräume, die notwendig sind, damit rhetorische Mittel wie Metapher, Metonymie, Synekdoche, Ironie und Witz textuell überhaupt nutzbar werden" (Kaczmarek 2012a).

dern kann auch eine Geisteshaltung oder intellektuelle Attitüde übermitteln. Auch einer *philosophischen Dimension* sei hier Rechnung getragen. Denn ‚Ironie' erfasst aus Sicht philosophischer Abhandlungen spätestens seit dem 18. Jahrhundert nicht mehr nur eine rein sprachbasierte Operation, sondern auch eine bestimmte Geisteshaltung, eine Sicht auf die Welt. In dieser Form steht sie in Verbindung mit der romantischen Dichtung oder auch mit kontingenzphilosophischen Ansichten: Durch ihre polyseme Struktur kappe Ironie die geradlinige Verbindung zwischen Bedeutetem und Bedeutendem und evoziere so in generellere Zweifel gegenüber dem Status dessen, was als ‚Wahrheit' oder ‚Wissen' gilt.

Ironie als polysemes Konstrukt und nicht etwa als emotionales Register oder als narrativen Kunstgriff zu erfassen, wie es hier geschehen soll, bedeutet auch, die *dramatische oder tragische Ironie* beiseite zu lassen. Diese Formen sind zwar verwandt mit den eben beschriebenen Konzepten – auch sie vermitteln eine Unsicherheit und versehen Situationen mit doppeltem Sinn – sie sind aber auf inhaltlicher und nicht auf einer strukturellen Ebene angesiedelt: In Fabeln mit dramatischer oder tragischer Ironie nimmt das Schicksal seine schlimmstmögliche Wendung, oder die Figuren täuschen sich in ihrer Interpretation der Vorgänge, während das Publikum ihnen stets einen Schritt voraus ist (vgl. Behler 1996: 815). Obwohl auch solche Geschichten gern im Film erzählt werden (vgl. Kaczmarek 2012b), möchte ich meine Ausführungen auf die textuelle Ironie (hier im filmischen Text) konzentrieren, der bisher in wissenschaftlichen Abhandlungen am wenigsten Aufmerksam zuteil wurde.

1.2 Aufbau und Literatur

Diese Arbeit basiert nicht auf einer klassischen These oder Forschungsfrage, da sie aufgrund eines mangelnden Forschungsstandes einen eher explorativen Charakter hat. Stattdessen werden hier nun einführend die Begriffe und Bereiche umrissen, die bearbeitet werden sollen:

> Da das Konzept der Ironie ein pragmatisches Spektrum unterschiedlichster Nuancierungen in sich vereint, existieren auch für den Film verschiedene Spielformen der Ironie. Diese können auf mehreren Ebenen angelegt sein und auf unterschiedlich ausgeprägte Relationen zwischen Mitgeteiltem, dem eigentlich Gemeinten und auf Werthaltungen zurückgeführt werden.

Ein erstes *theoretisches* Kapitel widmet sich der Definition des zugrunde gelegten Begriffs der Ironie, deren Grundtendenz eben schon angedeutet wurde. Das zweite Unterkapitel des Theorieteils enthält Ausführungen zu den Dimensionen der Ironie, beleuchtet sie also aus pragmatischer Perspektive: Zunächst wird hier der Verbindung zwischen Mitgeteiltem und Erwartetem auf den Grund gegangen, da Erwartungshaltungen des Publikums determinieren, wann und wie etwas ironisch verstanden wird. Auch Intertextualität spielt mit dem Vorwissen des Publikums, so wird in diesem Kapitel denn auch die Wechselwirkung zwischen den Modi textuelle Übernahme und Ironie beschrieben. In einem weiteren Unterkapitel wird ausgeführt, dass die Beziehungen zwischen dem an der Oberfläche Mitgeteilten und dem Gemeinten unterschiedlich ausgeformt sein können. Zuletzt widmet sich der Theorie-Teil den unterschiedlichen Wert- und Geisteshaltungen der Ironie, die von klaren moralischen Implikationen bis hin zu postmoderner Ambivalenz reichen.

Für meine theoretischen Ausführungen greife ich zunächst auf einen kultur- und literaturtheoretischen Korpus an Texten zurück. Im Vordergrund stehen Wayne C. Booths literaturwissenschaftliche Studie *A Rhetoric of Irony* (1974), in der er Ironie als rhetorisches Mittel untersucht, und Linda Hutcheons *Irony's Edge* (2005a), ein Buch, das sich insbesondere der pragmatischen Dimension von Ironie widmet. Auch Hutcheons weitere Bücher bewegen sich im thematischen Umfeld von Ironie; sie dienen ebenfalls als theoretischer Hintergrund: *A Theory of Parody* (2000) und *The Poetics of Postmodernism* (2005b) untersuchen Ironie einmal im Kontext der Parodie, einmal als Mittel des Postmodernen. Hutcheons Analysen sind für diese Arbeit entscheidend, da auch sie Ironie als strukturelle, polyseme Operation begreift, die sie mit anderen, verwandten Konzepten in Verbindung bringt. Ernst Behler (1996, 1997) liefert mit seinen Schriften einen Überblick der unterschiedlichen Definitionen und Funktionen, die Ironie in ihrer Begriffsgeschichte bereits eingenommen hat. Da Ironie auch in der Semiologie ihren Platz hat, bleiben die kritischen Denkgebäude Umberto Ecos (1988, 2012a, 2012b) und Roland Barthes' (1964, 2000) nicht unerwähnt.

In der deutschsprachigen, filmbezogenen Literatur sind es vor allem Jörg Schweinitz und Hans Jürgen Wulff, deren Arbeiten zur theoretischen Erfassung von Ironie beigetragen haben. Schweinitz' *Film und Stereotyp* (2006) befasst sich mit dem filmischen Umgang mit Konventionellem, das gern mit Ironie verhandelt wird. Wulffs Buch *Darstellen und Mitteilen* (1999) widmet ein Kapitel der filmischen Ironie; es nähert sich dem Konzept von einer semio-pragmatischen Seite.

Im zweiten – *analytischen* – Hauptteil der Arbeit werden drei Fallbeispiele untersucht. Sie können allesamt dem Postmodernen zugerechnet werden. Die ersten drei Fallstudien sind aus einem engeren zeitlichen Rahmen ausgewählt und von amerikanischen Independent-Regisseuren kreiert: David Lynchs WILD AT HEART (USA 1990), THE GRAND BUDAPEST HOTEL (USA/DE 2014) von Wes Anderson und Ethan und Joel Coens A SERIOUS MAN (USA 2009). Diese Filme sind sie alle zutiefst von Ironie geprägt, zeigen indes recht unterschiedliche Nuancierungen des Ironischen. Verweist der eine noch mit kritischer Haltung auf die Mythen des Kinos – indem er sie ironisch mit der ‚grausamen' Realität konfrontiert –, verklärt der andere sie und geht vollständig in ihnen auf. Das dritte Beispiel hingegen zieht seine Ironie nicht mehr vornehmlich aus dem Umgang mit kinematographischen Standards, sondern aus seiner Darstellung von Autorität und Erhabenheit, die er ins Absurde wendet.

Die theoretischen und filmischen Analysen dieser Arbeit sind explorativ, da zum größten Teil Annahmen zur sprachlichen Ironie zunächst auf die filmische Darstellungsform übertragen werden müssen. Im Gegensatz zur Literatur kommuniziert Film nicht nur über den Monokanal Sprache, sondern über den auditiven *und* visuellen Kanal – weshalb Feststellungen zur Ironie, die sich am Modell literarischer Kommunikation orientieren, nicht allesamt für den Film angenommen werden können, sondern theoretisch-konzeptuell auf das komplexe Ausdrucksmedium Film übertragen werden müssen.

Ich erhebe mit dieser Studie nicht den Anspruch, das Phänomen der filmischen Ironie in vollständig zu erfassen; hierfür ist das Forschungsfeld zu vielgestaltig. Außerdem ist es in ständiger Wandlung und Entwicklung begriffen. Die Arbeit abschließend sollen daher einige Fragen formuliert werden, die weiterführende Untersuchungen inspirieren könnten.

2 Ironie: Definition

> Irony can mean as little as saying ‚Another day in paradise', when the weather is appalling. It can also refer to the huge problems of postmodernity; our very historical context is ironic because today nothing really means what it says. We live in a world of quotation, pastiche, simulation and cynicism: a general and all-encompassing irony. (Colebrook 2004: 1)

Der Begriff ‚Ironie' durchlebte in seiner Bedeutungsgeschichte unterschiedlichste Verwendungen und noch heute vereint er verschiedene Ideen. Einigen dieser Konzeptionen, die durch eine *Familienähnlichkeit*[3] zusammengehalten werden, geht dieses Kapitel nach.

In der griechischen Antike bezeichnete ‚Ironie' eine Argumentationsweise Sokrates'. Dieser Tradition folgend definierte der Ironie-Begriff bis ins 18. Jahrhundert einen sprachlichen Tropus. Ihre gängige Formel als rhetorisches Mittel lautete: Mittels Ironie spricht man das Gegenteil dessen aus, was eigentlich gemeint ist (vgl. Behler 1996: 810). Mit der romantischen Dichtung aber wird Ironie am Ende des 18. Jahrhunderts zu einem Register des literarischen Ausdrucks: „Die Verstellung der Ironie wurde nun in der literarischen Konfiguration erblickt. [...] Die Ironie trat aus dem fest umrissenen Umkreis der Rhetorik heraus und griff auf die Literatur über" (Behler 1997: 8). Das uneigentliche Sprechen wird zur kritischen Kommunikationsform – zur „Problematisierung der literarischen Mitteilung" (Behler 1997: 8) – womit auch eine philosophische Dimension ins Spiel kommt. Ab Mitte des 20. Jahrhunderts wird im *American New Criticism* Ironie beinahe zum Synonym für die gegenwärtige Literatur; hier gerät sie zur Diktion moderner Geisteshaltung (vgl. Booth 1974: ix). Und in der Philosophie Richard Rortys (vgl. 2012) wächst sie schließlich zu einer Denkweise heran, die jede Form von Diskurs als kontingent betrachtet – Ironie wird zur Kritik gegenüber allem, das den Status von Wissen und Wahrheit beansprucht.

---

[3] Ludwig Wittgenstein (1967) fasste den Begriff ‚Familienähnlichkeit' in seinen *philosophischen Untersuchungen*. Sie bezeichnet nicht nur eine einfache Zusammengehörigkeit von Dingen aufgrund einer geteilten Eigenschaft, sondern vielmehr ein „kompliziertes Netz von Ähnlichkeiten, die einander übergreifen und kreuzen" (1967: 48, zit. nach Schweinitz 1994). In solchem Zusammenhang stehen auch die unterschiedlichen Konzeptionen der Ironie, die in diesem Kapitel vorgestellt werden.

Entsprechend dieser skizzierten ersten Auslegeordnung sollen nun unterschiedliche Aspekte und Ebenen des Begriffs geklärt werden. Denn auch im Film, so lautet mein Argument, manifestiert sich Ironie nicht nur – ähnlich der rhetorischen Ironie – auf der Mikroebene des Filmtextes[4]. Es existieren auch Filme, die umfassender ironische Bedeutungen assoziieren. Diese lassen nicht nur die Inszenierung uneigentlich erscheinen, sondern stellen vielmehr die Möglichkeiten von Kommunikation und die Existenz von Wahrheit schlechthin in Frage.

Zunächst sei Ironie hier in ihrer *semantischen Dimension* erfasst und mittels einer Übertragung des sprachbasierten Tropus auf die Kommunikationsmittel des Films definiert (Kapitel 2.1). Ein weiteres Definitionselement wird eingeführt, wenn Ironie als Kommunikationsform beschrieben wird (Kapitel 2.2). Ironie wird hier als Modus der Film-Zuschauer-Beziehung gefasst (vgl. Hutcheon 2005a: 13), wobei sich diese *pragmatische Dimension* an der kultur- und filmbezogenen Literatur der vergangenen dreißig Jahren orientiert, die zunehmend rezeptionsästhetische Aspekte mitberücksichtigt. Ironie wird im Folgenden auch in ihrer erweiterten Bedeutung erfasst (Kapitel 2.3): Sie gilt nicht mehr nur als lokal limitierter Sprachtropus, sondern wird zum übergreifenden *Modus von Literatur und Philosophie* (vgl. Behler 1997: 47).

2.1 Ironie als rhetorisches Register

Eiron, von dem sich der deutsche Begriff ‚Ironie' ableitet, bezeichnet ursprünglich eine Figur, genauer gesagt ein listiges Charakter-Stereotyp in der griechischen Tragödie: Eiron verbirgt seine Geschicklichkeit unter einer „Maske der Harmlosigkeit" (Behler 1996: 812). Damit wird Ironie von den Griechen zunächst mit Scharlatanerie und Heuchelei – als Formen der Verstellung – in Verbindung gebracht (vgl. Behler 1997: 23). Die *sokratische Ironie* – obwohl positiver konnotiert – baut auf dieser ursprünglichen Bedeutung auf: Der sokratische Ironiker hält seine Talente im Verborgenen, um seine Schüler herauszufordern. Ein latenter, weniger sympathischer Nebeneffekt dieser pädagogischen Methode ist: Er kann sich, von Unbe-

---

[4] Im Folgenden wird der Film auch als Film*text* bezeichnet. Dies, weil – trotz bedeutender Unterschiede – Filmanalyse und literarische Textanalyse in einigen Punkten verwandt sind und in der Filmwissenschaft der Begriff des *filmischen Textes* gängig geworden ist (vgl. Blüher/Kessler/Tröhler 1999: 4).

darften unbemerkt, über deren Fähigkeiten amüsieren. In den Schriften Platons wird Sokrates dank seinem falschen Bekenntnis zum Nichtwissen mit den Eigenschaften Eirons assoziiert und zum ‚Meister der Ironie' erhoben. Ernst Behler schreibt: „Die ironische Geisteshaltung erscheint hier in jener verfeinerten, humanen und zugleich humorvollen Selbstdemütigung, die diesen Philosophen zum Urbild des Lehrers macht" (1997: 22). Auch sein äußeres Gebaren, das ein täuschender Gegensatz zum überlegenen Geist gewesen sein soll, wird so zum Sinnbild der ironischen Erscheinung im sokratischen Sinne (vgl. Behler 1996: 814).

In der römischen Rhetorik Anfang des dritten Jahrhunderts wird Ironie dann auf die gängige Formel gebracht: Hier wird sie zur Sprechweise, bei der man das eine sagt und das andere meint (vgl. 1996: 815). Behler beschreibt diese klassische Auffassung der Ironie „als Technik rhetorischer *dissimulato*, das heißt als jene Art der Verstellung [...], bei der die Worte das Gegenteil des Gemeinten ausdrücken, der Tenor des Sprechens aber anzeigt, dass eine Diskrepanz zwischen dem gesprochenen Wort und dem intendierten Sinn besteht" (1997: 21-22). Diese Definition ist im Ansatz noch heute für die rhetorische Ironie gebräuchlich.

Um ein solches Ironie-Verständnis auf das Medium Film – also für das komplexe Mitteilungssystem des Films und nicht lediglich für dessen verbalsprachliche Anteile – zu übertragen, muss die sprachbasierte Definition erweitert werden: Sie muss über die Sprache hinaus auch auf andere Arten des Mitteilens anwendbar sein. Wird Ironie nämlich in einem erweiterten Verständnis als Form der uneigentlichen Kommunikation gefasst, kann sie sich, so betont Linda Hutcheon (2005a: 5), tatsächlich in jeder Art von Diskurs niederschlagen; Ironie ist dann nicht auf verbale und schriftliche Äußerungen beschränkt. Überträgt man die polyseme Struktur der Ironie (etwas wird auf der Oberfläche kommuniziert, während sich auf ‚tieferen' semantischen Ebenen gegenläufige Bedeutungen entfalten) auf den Film, so präsentiert dieser zunächst scheinbar unmittelbare Bilder und Töne. Die Unmittelbarkeit wird bei intellektueller Dechiffrierung und Bedeutungsrekonstruktion hinterfragt, wobei sich dann weitere – ironische – Sinngehalte assoziieren lassen.[5] Für

---

[5] Weil der Film im Gegensatz zur Literatur über zwei Kanäle – auditiv und visuell – kommuniziert, können sich auch semantische Differenzen zwischen den beiden Kommunikationskanälen entwickeln, die wiederum zur ironischen Interpretation des Sinngehalts führt. In ihrem Buch zum *Voice-Over* beschreibt Sarah Kozloff etwa einen ironischen Kontrast zwischen *Voice-Over*-Stimme und den im Bild präsentierten Handlungen (vgl. 1988: 109), wie er in BARRY LYNDON (Kubrick, GB 1975) existiert. Eine Bedeutungsdifferenz zwischen extradiegetischer Filmmusik und Handlung stellt sich wiederum in AN AMERICAN WEREWOLF IN LONDON (Landis, USA 1981)

diese Annahme muss sich das Verständnis von Rhetorik (wie in der filmbezogenen Literatur üblich) auf alle Kommunikationskanäle des Films ausweiten, wobei dann etwa von Bildrhetorik oder einer Rhetorik der akustischen Ebene ausgegangen wird (vgl. Harrington 1973).

Der Philosoph Gregory Currie (2010) verzichtet in seiner Beschreibung filmischer Ironie dagegen gänzlich auf eine sprachbasierte Vorstellung. Er beschreibt das Ironische als eine Form der *Verstellung*, bei der jemand eine ‚falsche' Haltung annimmt: „We pretend to congratulate, approve, admire and, occasionally, to criticize and deplore" (2010: 150). Diese Verstellung lässt sich nach Currie auch auf das künstlerische Schaffen anwenden. Die scheinbar unmittelbare Filminszenierung gibt an, eine konventionelle Geschichte zu erzählen, wobei sie im gewollt-erkennbaren ‚Verborgenen' eine ironische Bedeutungsebene transportiert.

Sowohl die sprachbasierte Beschreibung, die Rhetorik auf die Kommunikationsmittel des Films überträgt, als auch Curries Idee der ‚falschen Haltung' regen an, Ironie als eine allgemeinere Form der „Verkehrung von Bedeutetem und Gemeintem" (Wulff 1999: 260), bei der das Gegenteil des Gemeinten kommuniziert wird, zu verstehen. *Ironie ist also nicht mehr nur als rein sprachliche Operation zu verstehen.*

Von dieser Prämisse ausgehend ist anzunehmen, dass auch im Film eine *begrenzte, lokale Form des doppelten Bedeutens* möglich ist, wie es die klassische, rhetorische Definition der Ironie erfasst (etwas wird veräußert, etwas anderes mit gegenläufiger Bedeutung ist aber tatsächlich gemeint). In THE BIG LEBOWSKI (Coen, USA 1998) etwa konstruiert sich eine Bedeutungsverschiebung mit solchem Effekt zwischen Bild und Handlung, wenn der ‚Dude' Lebowski (Jeff Bridges) in den Spiegel seines Namensvetters Jeffrey ‚the Big' Lebowski (David Huddleston) blickt. Der Spiegel ist im Stil eines Time-Magazine-Covers gestaltet und trägt die Frage: „Are you a Lebowski Achiever?" als Inschrift. Dank des Blicks in den Spiegel wird der ‚Dude' im Filmbild einen – filmisch exponierten – Moment lang zum scheinbaren *Time-Magazine*-Coverbild, und dank Inschrift zum Lebowski-*achiever*. Nur ist der ‚Dude' das genaue Gegenteil eines *achievers*: Er ist kein Erfolgsmensch, sondern ein Faulpelz, ein *slacker*, der am liebsten zum Bowling geht und dort wie auch sonst ‚eine ruhige Kugel schiebt'. Die Bildebene produziert also ganz bewusst eine ‚fal-

---

ein, wenn Hauptfigur David (David Naughton) sich in einer Vollmondnacht unter Schmerzen und Schreien in einen grotesken Werwolf deformiert – uns Bobby Vintons Ballade *Blue Moon* auf der Tonspur aber Liebe im Mondschein verspricht.

sche' Bedeutung mit humoristischem Effekt, die im Kontext der filmischen Erzählung durchschaut werden kann und im soll. Sie steht also in einem erkennbar ironischen Kontrast zur Handlung und Figurenzeichnung.

Abbildung 6: Ein exponierter Moment lang wird der ‚Dude' Lebowski (Jeff Bridges) in THE BIG LEBOWSKI (Coen, USA 1998) durch eine ironische Bildkonstruktion zum *Man of the Year*.

Film kann – auch das muss bei der Übernahme sprachwissenschaftlicher Annahmen beachtet werden – also auf unterschiedlichen Ebenen ironisch mitteilen. Wulff (1999: 261) unterscheidet dabei zwei Fälle. In der ersten Variante bildet der Film eine ironische Situation insgesamt ab und das ironische Verhältnis wird zum Bestandteil der Handlung, es ist Teil der durch den Film präsentierten Welt: Die typischste Ausformung dieser Variante ist die ironische Figurenrede. Die zweite Variante tritt auf, wenn ein Film selbst ironisch formuliert. Das heißt, die filmische Inszenierung wird zum uneigentlichen Teil der polysemen Struktur und die ironische Bedeutung zum „Modus der Film-Zuschauer-Beziehung" (Wulff 1999: 261). Die Enunziation in THE BIG LEBOWSKI funktioniert in diese Weise, wenn die Kameraperspektive den Blick auf Lebowski im Time-Magazine-Spiegel so kadriert, dass sich für den Zuschauer eine ironische Bedeutung durch die Überlagerung ergibt. Die scheinbare Unmittelbarkeit der Bilder und Töne wird durch die Rezeption der Zuschauer hier als uneigentlich erkannt, wobei ironische Interpretationen initiiert werden sollen. Die Zuschauer suchen dann ihrerseits nach weiteren semantischen Ebenen: Im Fall von THE BIG LEBOWSKI tut sich etwa humoristisch der Kontrast zwischen der kalifornischen (und hier als gescheitert entlarvten) *Counterculture*-Generation und einer älteren, hart arbeitenden aber eben auch zu Korruption und Machtversessenheit neigenden Generation auf. Die Ironie ist nicht mehr Element der abgebildeten Welt, sondern Teil der intellektuellen Dechiffrierung – sie wird (mit Wulff) zum „Charakteristikum der Rezeption des Films" (1999: 261).[6] Selbstverständlich können beide Ebenen der filmischen Ironie auch in ein- und demselben Werk in Erscheinung treten, denn sie schließen sich nicht aus. Um erneut auf das Beispiel THE BIG LEBOWSKI zurück zu kommen: Wenn der ‚Dude' auf die rhetorische Frage, was seine Bowling-Kugel sei, mit „Obviously, you're not a golfer!" antwortet, dann spricht die Figur im Film ironisch – hier bildet THE BIG LEBOWSKI die ironische Situation insgesamt ab. Darüber hinaus erzählt der Film der Coen-Brüder aber in spielerischer Manier uneigentlich, indem er eine Vielzahl von Allusionen und Parodien verbirgt: Filmkenner erinnern Titel und Struktur des Films an THE BIG SLEEP (Hawks, USA 1946), im Subtext mischen sich Filmzitate mit Anspielungen auf die realpolitischen Golfkrisen und Saddam Hussein, und eine Traumsequenz imitiert eine Musicalnummer *à la Busby Berkeley* – der legendäre Choreograf einiger klassischer Hollywood-Musicals der 1930er Jahre. Diese Vorgänger-Texte werden in THE BIG LEBOWSKI miteinander konfrontiert und rekontextualisiert; „es wird zusammengebracht, was eigentlich nicht zusammen geht" (Seeßlen 2000: 238). Nur Zuschauern, die diese Zitate erkennen, können sich weitere Sinngehalte eröffnen – der Film wird zum uneigentlichen Teil des ironischen Verhältnisses. THE BIG LEBOWSKI gewinnt dadurch über seinen Unterhaltungswert hinaus an Tiefe, der filmische Genuss erhält einen Mehrwert für die ‚Eingeweihten'.[7]

---

[6] An anderer Stelle unterscheidet Wulff (2012) gar zwischen vier verschiedenen Formen der filmischen Ironie: „So kann man wiederum vier Ironie-Typen festmachen: (1) die verbale Ironie der Akteure wie in den Dialog-Gefechten der Ehepaare in HIS GIRL FRIDAY (1940) oder auch in THE WAR OF THE ROSES (1989); eine ironische Spannung kann auch zwischen Bild und Ton aufklaffen, wenn etwa eine Revolutionsballade zu Bildern von Polizeikohorten gezeigt wird, die Demonstranten niederknüppeln; (2) eine dramatische Ironie, die sich in manchmal kuriosen Wendungen der Geschichte äußert; so gelangt der Held in THE THIRTY-NINE STEPS (1935) nicht etwa zum Polizeichef, sondern dieser erweist sich als Chef der Spionage-Gruppe; (3) tragische Ironie wie in MIDNIGHT COWBOY (1969), als Ratzo Rizzo gerade in dem Moment stirbt, als er im ersehnten Florida ankommt; (4) eine eigene Form von Ironie, die durch die Verdoppelung der Erzählerinstanz im *voice over* entstehen kann; die Erzählung in SUNSET BOULEVARD (1950) ist höchst augenzwinkernd vorgetragen, so dass der Zuschauer gegenüber dem Geschehen immer auf Distanz gehalten wird" (2012). Da dramatische und tragische Ironie Variationen einer inhaltlichen Form der Ironie sind, schliesst sich diese Arbeit Wulffs Differenzierung *zweier* Formen der filmischen Ironie an (vgl. 1999: 261), wie sie im Text angegeben ist.

[7] Nicht nur dank zahllosen Allusionen und Parodien kann THE BIG LEBOWSKI einen uneigentlichen Charakter zugesprochen werden. Wie viele Filmkomödien bedient sich auch der Coen-Film

Abbildung 7-10: THE BIG LEBOWSKI teilt sich insgesamt uneigentlich mit: In einer Traumsequenz erscheint Saddam Hussein als Bowlingbahn-Mitarbeiter, während die Tanzchoreographie Busby Berkeleys Musical-Nummern der 1930er Jahre parodiert.

Wenn der ‚Dude' Lebowski als Figur innerhalb der diegetischen Welt des Films, wie eben erwähnt, uneigentlich spricht, kann diese Form Booths Idee der *stabilen Ironie* zugerechnet werden (vgl. 1974: 3 ff.). Hier sind die ironischen Bedeutungen, die sich hinter der uneigentlichen verbergen, in gewisser Weise limitiert: ist der polyseme Charakter des Bildes oder Sprachausdrucks einmal entdeckt (etwa: als begeisterter Hobby-Bowler verwechselt der Dude seine Bowling-Kugel bestimmt nicht mit einem Golfball, daher muss es ironisch gemeint sein), bleibt die dechiffrierte ironische Bedeutung begrenzt und haltbar (vgl. Booth 1974: 6). In dieser lokalen Form assoziiert eine ironische Äußerung zunächst auch keine Aussagen über die Natur des menschlichen Diskurses schlechthin, wie es *universellere* Formen der

konstanten Isotopiebrüchen und Übertreibungen, die in der filmische Handlung zum Mittel des Uneigentlichen werden: „Es ist diese Ästhetik der Übertreibung, die mit Mitteln der Handlung, der Sprache, der Gestik, der *sets*, der Symbolik, der visuellen Einstellungen und der Musik vorangetrieben wird" (Klepper 2008: 120, herv. i. O.). Durch ein Voice-Over wird etwa Ernsthaftigkeit und Pathos etabliert, wo sie unpassend erscheinen, Figuren werden in ihrer Überzeichnung und Schablonenhaftigkeit regelrecht ausgestellt und übertriebene Symbolik und psychoanalytisch anmutendes Motivinventar werden exponiert und karikiert (vgl. Klepper 2008: 121). Diese Inszenierungen, die zunächst den Darstellungsmitteln der Komödie zuzurechnen sind, durchbrechen die Unmittelbarkeit der Geschichte und initiieren ihrerseits eine ironische Interpretation des Films.

Ironie, die instabile Ironie oder die ironische Geisteshaltungen etwa tun. Stabilität bedeutet für die rhetorische Ironie eine Form der Begrenzung (vgl. Booth 1974: 20): Die eigentliche Bedeutung kann – wenn sie auch zuerst entdeckt und dechiffriert werden muss – der uneigentlichen mehr oder weniger fix zugewiesen werden, die ironische Bedeutungsebene ist durch die Zuschauer in diesem Fall eindeutig erschließbar. Dieser Form setzt Booth die *instabile Ironie* gegenüber (vgl. Booth 1974: 240). Hier kann die uneigentliche Bedeutung nicht mehr schlicht ‚desambiguisiert' werden und eine ironische Bedeutung der unmittelbaren zugeteilt werden. Vielmehr assoziieren instabile ironische Äußerungen eine Vielzahl semantischer Ebenen – mögliche Bedeutungsrekonstruktionen sind unbegrenzt. Stabile und instabile Formen der Ironie sind dabei in unterschiedlichen Bereichen des Films angesiedelt und können als zwei Pole gedacht werden, wobei auch Zwischenformen existieren. Figurenrede, Bilder, diegetische und extradiegetische Töne können als Beispiel sowohl stabile als auch instabile Bedeutungsrekonstruktionen initiieren.

2.2 Ironie als Kommunikationsform

Ironie als uneigentliches Mitteilen zu verstehen, wirft die Frage danach auf, inwiefern sich dieser Modus von anderen Formen des indirekten Bedeutens, etwa der Metapher oder der Allegorie, unterscheidet. Hutcheon (2005a: 37) schlägt daher als Erweiterung der semantischen Definition eine *pragmatische* vor. Erfolgreiche ironische Kommunikation ist dann über die Verkehrung von Bedeutetem und Gemeintem hinaus durch eine evaluative Attitüde gekennzeichnet, die vom Interpreten – angeknüpft an die polyseme Struktur – erkannt wird: „Irony involves the attribution of an evaluative, even judgmental attitude" (2005a: 37).

Metaphern und *Allegorien* besitzen hingegen nicht zwingend eine wertende Haltung; sie dienen in erster Linie der Verdeutlichung oder Verbildlichung eines Sachverhalts (vgl. Booth 1974: 23). Wenn die Figur Michael O'Hara in THE LADY FROM SHANGHAI (Welles, USA 1947) erzählt, wie sich Haie vor der Küste Mexikos im Blutrausch gegenseitig zerfetzen, ist dies eine treffende Metapher für die selbstzerstörerischen und betrügerischen Spiele zwischen seiner Geliebten und deren Ehemann. Zwar nimmt O'Hara durchaus eine verachtende Attitüde ein in Bezug auf die Ereignisse in Acapulco, die Hai-Metapher an sich aber ist lediglich eine Verbildlichung. „The essential process [...] is addition or multiplication, not subtraction" (Booth 1974: 23): Metaphern funktionieren durch eine additive Bedeutung zwischen dem oberflächlichen Aussage und dem Gemeinten, wohingegen bei ironischen Aussagen eine *Differenz in der Bedeutung* von unmittelbarer Aussage und verdeckten Sinngehalten entscheidend ist (vgl. Hutcheon 2005a: 65).

„Ironisches Sprechen", so meint auch Wulff, „ist referentielles und kommentierendes Sprechen zugleich" (1999: 264). Beim ironischen Kommunizieren wird also nicht nur uneigentlich mitgeteilt, sondern zusätzlich eine bewertende Haltung an die Aussage gekoppelt: „an attitude toward both the said and the unsaid" (Hutcheon 2005a: 11). Dieser evaluative Aspekt muss nicht immer auf eine dezidiert kritische Position hinauslaufen (vgl. 2005a: 44). Vielmehr kann sich eine ironische Aussage in einem ganzen Spektrum an Motivationen und Funktionen bewegen und der eine Signifikant ‚Ironie' soll nicht darüber hinwegtäuschen, dass unterschiedlichste Nuancierungen möglich sind: Ironie erstreckt sich vom Spöttischen und Spielerischen über einen distanzierenden und demystifizierenden Ton bis hin zum Satirischen, ja manchmal Aggressiven – von minimalem zu maximalem Involvement, von kühler Reserviertheit bis hin zur Feindseligkeit (vgl. Hutcheon 2005a: 40). Dabei ist eine ironische Äußerung eine Operation, „die das Besprochene im Sprechen nicht nur setzt, sondern auch in Distanz setzt" (Wulff 1999: 264). Es herrscht also keine geradlinige Form der Kommunikation vor, sondern eine Form der *Meta-Kommunikation*, die Ironie betreibt. Selbst in ihrer nostalgischsten und spielerischsten Form distanziert sich Ironie von ihrem Gegenstand: weil sie über ihn kommuniziert. Während Ironie also auf ihrer Oberfläche die Rede von etwas ist und sich in einen Diskurs einschreibt, hält sie auf einer verdeckten Ebene eine *metadiskursive oder evaluative Haltung* bereit: aufgrund ihrer komplexen Form wird sie zur Rede von der Rede. Dies macht die ironische Mitteilung – auch für den Film – zur vielschichtigen Kommunikationsform.

Wie unterschiedlich Ironie in ihrer Tonalität sein kann, mag folgendes Beispiel verdeutlichen: Sowohl Stanley Kubricks modernistisches Werk DR. STRANGELOVE OR: HOW I LEARNED TO STOP WORRYING AND LOVE THE BOMB (USA/GB 1964) als auch Quentin Tarantinos postmoderner Film INGLOURIOUS BASTERDS (USA/DE 2009) handeln vom Krieg. Trotz thematischer Ähnlichkeiten erzählen beide ihre jeweilige Geschichte entschieden anders. DR. STRANGELOVE präsentiert sich als bissige Satire über das Unvermögen von Politikern, während INGLOURIOUS BASTERDS nur oberflächlich Kriegsgeschehnisse schildert, denn auf der ironischen Bedeutungsebene spielt Tarantino mit stereotypen Figurenkonstellationen, Soundkulissen und Handlungszusammenhängen des Westerngenres. Kubricks Fabel über menschliches Versagen gipfelt in Dr. Strangeloves (Peter Seller) Plänen zur sexuellen Repopularisierung der Erde, angesichts derer sich Militärführer und politische Eliten doch noch positiv auf den nahenden Untergang der Zivilisation einstimmen lassen und Dr. Strangelove selbst, eigentlich an den Rollstuhl gefesselt, nochmals zum Aufstehen und zum denunzierenden Hitlergruß bewegt. Diese Situation ist dermaßen überspitzt gezeichnet, dass sie nicht mild oder spielerisch etwas über menschliches Verhalten aussagt, sondern mit bissiger Manier harsche Kritik an ihm äußert: die Erzählung setzt sich für die Zuschauer in kritische Distanz. Der militärische Faschismus einer (männlichen) Elite wird denunziert, mögliche Auswüchse vor Augen geführt und mit Anknüpfung an das Dritte Reich die Relevanz des Themas verdeutlicht.

Abbildung 11-14: In INGLOURIOUS BASTERDS (Tarantino, USA 2009) findet Hitler (gespielt von Martin Wuttke) historisch inadäquat seinen gewaltsamen Tod in einem Pariser Kino.

Tarantinos Film hingegen zelebriert die Möglichkeiten filmischer Darstellung und blickt in leicht nostalgischer Manier zurück auf die klischeehaften hypermännlichen Anti-Helden der Filmgeschichte. Der Film exponiert seine Darstellungsmittel und hinterfragt gleichzeitig – so könnte man mit Hutcheons Konzept der postmodernen, historiographischen Metafiktion argumentieren (vgl. 2005b: 5 ff.) ̛̛ die Möglichkeiten und Standards gängiger Geschichtsschreibung – und damit vom eigenen Unvermögen, Geschichte adäquat wiederzugeben.[8] Diese Insuffizienz wird

---

[8] In ihrem Buch zur Postmoderne beschreibt Hutcheon (2005b) das Konzept der *historiographischen Metafiktion*. Werke, die sie zu dieser Kategorie zählt, legen einen postmodernen Zweifel gegenüber der Möglichkeit, Historie adäquat wiedergeben zu können, nahe. Um diesen kontin-

durch die Karnevalisierung des Dargestellten deutlich gemacht und durch die konsequente Vermischung von Faktualem und Fiktionalem, die auf den ersten Blick wie eine Trivialisierung der Geschichte wirken mag – aber vom nihilistischen Anklang in Kubricks Film ist in dieser Kriegsgeschichte wenig zu spüren. An diesen Beispielen wird also klar, dass Ironie nicht nur Attitüden und Wertungen impliziert, sondern durch ihre Funktion des doppelten Bedeutens auch ganze Geisteshaltungen mittragen oder Diskurse assoziieren kann. Mit unterschiedlicher Tonalität erzählen INGLOURIOUS BASTERDS und DR. STRANGELOVE ihre Geschichten, während sie auf einer weiteren Ebene moralische Haltungen vermitteln oder metadiskursiv über sich selbst sprechen.

Ob kritisch, nostalgisch verspielt oder historisch ungenau – wenn Ironie also Attitüden, Geisteshaltungen oder Anknüpfungen an Diskurse in ihrer polysemen Struktur mittransportieren kann, dann muss sie auch in ihrer pragmatischen Dimension erfasst werden: Ironie ist nicht nur eine statische Form des uneigentlichen Bedeutens, sondern eine dynamische Kommunikationsform, die – zumindest – von einem Teil der Rezipienten verstanden werden soll. Es gilt also, auch soziale und interaktive Aspekte der ironischen Mitteilung zu berücksichtigen. Eine solche kommunikative Grundkonstellation kann allerdings nur analysiert werden, wenn die beteiligten Akteure, sowie deren Funktionalität und Intentionalität mitgedacht werden.

2.2.1 Ironie und Intentionalität

Die Frage nach *Intentionalität* bildet für die Film- und Kulturanalyse ein Problem. Besonders seit dem Einfluss des Poststrukturalismus scheint es schwierig, mögliche Intentionen eines Autors zu erfassen oder ihm auch nur schon eine solche zu unterstellen. Gleichzeitig ist die Frage nach intendierter Ironie für die Analyse des uneigentlichen Mitteilens unablässig – denn „irony happens intentionally, whether the attribution be made by the encoder or the decoder" (Hutcheon 2005a: 118). Wann immer eine ironische Äußerung gemacht oder erkannt wird, muss theoretisch von einer Form von Intentionalität zumindest ausgegangen werden, ob sie nun auf Seite des Produzenten oder Filmemachers oder auf Seiten des Publikums besteht.

---

genten Charakter der Menschheitsgeschichte zu verdeutlichen, vermischen historiographische Metafiktionen Zeitgeschichte mit fiktionalen Geschichten: „History is not made obsolete: it is, however, being rethought – as a human construct" (Hutcheon 2005b: 16).

Setzt man beim Standpunkt des Rezipienten und nicht beim Autoren an, so spielt die *Zuschreibung* von Intentionalität eine bedeutende Rolle. In seinem Theorem zur rhetorischen Ironie beschreibt Booth vier Prozessschritte, die beim Verstehen von Ironie generell durchlaufen werden: Dabei wird (1) eine wörtliche Bedeutung zunächst abgelehnt, dann (2) alternative Bedeutungen erprobt, (3) die Einstellung des impliziten Absenders attribuiert und (4) eine neue Bedeutung angenommen (vgl. 1974: 10-12). Hier ist es also die Einschätzung und die zugeschriebene Intentionalität *durch den Zuschauer*, die entscheidet, ob eine Aussage ironisch verstanden wird. Für die Rezeption, für das Verstehen von Ironie ist also nicht das faktische Vorhaben des Autors, ironisch mitzuteilen, verantwortlich – es ist die *attribuierte Intentionalität* durch den Rezipienten, die das Verständnis einer Aussage determiniert.

Abbildung 15-18: Das klischierte *Happy Ending* in Lynchs BLUE VELVET (USA 1986) kann ironisch gelesen werden – besonders im Kontext anderer Werke des Regisseurs.

Wenn sich Jeffrey Beaumont (Kyle MacLachlan) am Ende von David Lynchs BLUE VELVET (USA 1986) nach einem alptraumartigen Trip in die kriminelle Unterwelt wieder lachend im Kreis seiner Liebsten befindet, und sich auf der Fensterbank ein kleiner Vogel niederlässt, dann kann man dies als ein stilisiertes, ja kitschiges *Happy Ending* lesen, das mit ironischer Überdeutlichkeit die Rückkehr vermeintlicher Ruhe und Liebe in Jeffreys Leben zeigt. Nach dem surreal anmutenden Debütfilm ERASERHEAD (USA 1977) und dem melancholischen THE ELEPHANT MAN (USA 1980) scheint bei Regisseur David Lynch, der bekannt ist für seine exzessiven und alptraumhaften Inszenierungen, ein solch klischeehaftes *Happy Ending* aber nur uneigentlich lesbar zu sein: Die wiedereingekehrte Kleinstad-

Idylle ist etwas zu schön, um wahr zu sein. Ein schwarzer Käfer im Schnabel des Vogels – der in der Eingangssequenz des Films noch metaphorischer Verweis auf das kriminelle ‚Ungeziefer' der Stadt war – deutet einem reflektierten Publikum hier als beinah zu übersehendes Symbol zusätzlich den trügerisch und ironischen Charakter der Idylle und die Omnipräsenz des Bösen in Lynch-Filmen an.

Wenn sich gegen Ende von E.T. THE EXTRA-TERRESTRIAL (Spielberg, USA 1982) Elliotts (Henry Thomas) Fahrrad dank E.T.s Einwirken in die Luft erhebt und der Knabe mit seinem außerirdischen Freund in die Sicherheit entschweben kann, dann wird hingegen kaum ein Zuschauer dem Regisseur Steven Spielberg, der im Gegensatz zu Lynch für familiengerechte Inszenierungen bekannt ist, eine ironische Intention zuschreiben – obwohl das Happy Ending in E.T. THE EXTRA-TERRESTRIAL in seiner Klischeehaftigkeit dem von BLUE VELVET in nichts nachsteht.

Folgt man Booths Prozessschritten für das Verstehen von Ironie (vgl. 1974: 10-12), dann sind das Erkennen vorhandener Markierungen innerhalb des Textes, sowie die durch den Rezipienten zugeschriebenen Intentionen des Absenders entscheidend. Über die realen Intentionen des Autors lässt sich hingegen nur in den wenigsten Fällen etwas sagen. Anstelle eines realen Absenders leiten sich die Empfindungen der Zuschauer, die zum Zuschreiben von Intentionen führen, also von einem idealen bzw. impliziten Autor ab, der in sein Werk eingeschrieben erscheint – dem Text oder dem Film also immanent ist (vgl. Booth 1974: 11). Kontexte, Paratexte und diskursive Gemeinschaften, in die jeder Filmzuschauer eingebunden ist, helfen bei der Attribuierung von Intentionalität.

Auch Hutcheon (2005a: 118) schlägt vor, Intentionen theoretisch von der Rezipientenseite her zu erfassen. Beim ironischen Mitteilen existieren für sie zwei Formen von Intentionalität: Diese kann sowohl auf Seiten des Autors oder Regisseurs, aber auch auf Seiten des Zuschauers bestehen. „Interpreters, too, are not passive consumers or ‚receivers' of irony: they make irony happen by what I want to call [...] intentional act, different from but not unrelated to the ironist's intention to be ironic" (Hutcheon 2005a: 118). Rezipienten können sich aber auch dazu entscheiden, eine Äußerung absichtlich ironisch zu lesen, auch dann, wenn sie unterstellen, dass eine Szene, eine Sequenz, ein Film ursprünglich nicht ironisch intendiert war. Ein zeitgenössisches Beispiel für eine solche Rezeptionshaltung liefert der Diskurs um THE ROOM (Wiseau, USA 2003) – ein Film, der den zweifelhaften Ruf ‚genießt', einer der Schlechtesten überhaupt zu sein, gleichzeitig aber über eine stetig wachsende Fan-Community verfügt (vgl. Pavlounis 2012: 24). Regisseur Tommy Wiseaus Film war zunächst – so suggerieren zumindest die Paratexte – als ernstes Drama intendiert: „Upon its initial release, THE ROOM was marketed strictly as a drama, with posters and trailers claiming that it expressed ‚the passion of Tennessee Williams'" (Pavlounis 2012: 24). Das Publikum aber reagierte entgegen dieser ursprünglichen Intention mit „laughter and ridicule" (Pavlounis 2012: 24) auf die offensichtlichen Ungereimtheiten der Charakterzeichnungen, die Anschlussfehler, die logischen Lücken der Story und das *Overacting* und Falschbetonungen der Schauspieler. „Fan appreciation of THE ROOM is totally ironic, and public screening are replete with catcalls ridiculing the film's imperfections" (Pavlounis 2012: 27). Durch eine ironische Rezeption wird, in bewusster Abwendung von ursprünglichen Intentionen, einen neuen Zugang zum Film geschaffen. Die ironische Distanz zum Werk – ähnlich einem Rezipieren in Anführungszeichen – erlaubt dem Publikum, dessen offensichtlichen Unvollkommenheiten zu genießen. Die Zuschreibung von ernster Intentionalität spielt dabei die entscheidende Rolle: Sie lässt das Publikum eine gescheiterte Ernsthaftigkeit in den Bemühungen Wiseaus vermuten, die sie goutieren können.

In ihrem Buch *A Theory of Parody* (2000) umgeht Hutcheon die Problematik der Theoretisierung von Intentionalität ganz. Sie spricht stattdessen vom *ironischen Ethos* eines Werks, das als eine Qualität immanent eingewoben ist und bei dem sich die möglichen Absichten von Kodierer und Dekodierer überschneiden (vgl. 2000: 55). Der Begriff ‚Ethos' hat in Hutcheons Verwendung nur noch wenig mit seiner ursprünglichen Definition als ethisches Bewusstsein gemein, es steht hingegen in bewusster Analogie zur künstlerischen Darstellung von *Pathos* (vgl. Freeland 1999: 66). Auch das Pathetische kann als eine immanente Qualität eines Werkes begriffen werden, oder als ein Kunst*erleben*, wobei es in der Rezeption ein gewisses Empfinden – den „Eindruck des Erhabenen" (Schweppenhäuser 2007: 92) – auslösen soll. Im Mechanismus ähnlich, produziert das ironische Ethos in seiner Wirkung allerdings das Gegenteil von Pathos: nicht erhabene Gefühle wie Versenkung und eigene Unzulänglichkeit sind im Werk immanent, sondern die nivellierende Distanziertheit gegenüber dem ironisierten Objekt. Der Begriff des Ethos hilft, Ironie nicht nur als textbasierte Form der Bedeutungsverkehrung, sondern auch als größere strukturelle Einheit und universellere Qualität – oder wie beim Pathos – als eine Form des Kunsterlebens, das dem Werk bereits eingeschrieben ist, zu fassen.

Ob sich ironische Rezeption nun mit attribuierter Intentionalität nach Booth oder einem Ironie-ethischen Kunstverstehen nach Hutcheon erklärt, ist für ihre Analyse nicht sonderlich entscheidend: beide Ansätze erfassen Ironie rezeptionsästhetisch, beide implizieren eine wichtige Beziehung zwischen Werk und Zuschauer. Solche analytischen Perspektiven legen den Fokus also endgültig auf die Rezipienten. Ihnen werden nun eigene Intentionen oder ein eigenes Kunsterleben zugestanden, die nur noch in losem Zusammenhang mit den Absichten des Absenders stehen und die durchaus auch eine eigenständige Qualität annehmen können, wie etwa das Beispiel THE ROOM gezeigt hat. So ist es Filmzuschauern möglich, auch dann eine ironische Rezeptionshaltung anzunehmen, wenn sie ein Werk entgegen möglicher Intentionen des Autors uneigentlich lesen.

2.2.2 Rezeptionsästhetische Aspekte

Eine solche Auffassung von der Rolle des Rezipienten wurde bereits durch Roland Barthes vorweg genommen, als er den *Tod des Autors* 1968 verkündete, und Umberto Eco führte sie mit seiner Forderung nach dem *offenen Kunstwerk* fort. Eco verbindet in seiner Schrift die Unabhängigkeit des Rezipienten mit der Offenheit eines jeden ästhetisch gültigen Kunstwerkes:

> In diesem Sinne also ist ein Kunstwerk, eine in ihrer Perfektion eines vollkommen ausgewogenen Organismus vollendete und *geschlossene* Form, doch auch *offen*, kann auf tausend verschiedene Arten interpretiert werden, ohne dass eine irreproduzible Einmaligkeit davon angetastet würde. Jede Rezeption ist so eine *Interpretation* und eine *Realisation*, da bei jeder Rezeption das Werk in einer originellen Perspektive neu auflebt. (Eco 2012b: 30, Herv. i. O.)

Ecos Idee der Kunstrezeption steht in auffälligem Gegensatz zu Bordwells Beschreibung eines idealen Filmzuschauers (vgl. Bordwell 1985: 29 ff.). In *Narration in the Fiction Film* steht Bordwell diesem zwar eine mental aktive Rolle zu, die Funktionen der Rezeption hingegen bleiben limitiert: „The viewer must take as a central cognitive goal the construction of a more or less intelligible story" (Bordwell 1985: 33). Dass eine solche Beschreibung der Filmrezeption zu kurz greift – da die Rekonstruktion einer sinnvollen Story eine zu simple Beschreibung filmischer Interpretation ist –, macht Janet Staiger in ihrem Essay zum *Perverse Spectator* (2000) klar. Staiger widerspricht Bordwells Ansatz, bei dem der Zuschauer lediglich durch die sinnvolle Rekonstruktion einer filmischen Erzählung psychologische Befriedigung suche: „Lots of people do not care about that pleasure but enjoy other emotions" (2000: 39). Je nach Kontext und Persönlichkeitsvariablen seien Zuschauer etwa geneigt, einen Film um eigene Story-Konstruktionen zu ergänzen und andere filmische Qualitäten einer einfachen kausalen Plot-Auflösung hierarchisch vorzuziehen (vgl. Staiger 2000: 37). Staiger beschreibt einen Fall solch alternativer Rezeptionshaltung: „A study of some 1950s gay male viewers of A STAR IS BORN (1954) revealed that they were much more interested in constructing the story of the production of the film (when did Judy Garland shoot which scene) than in the film's plot – which at any rate was already ‚known'" (Staiger 2000: 37). Hier eignet sich also eine homosexuelle Subkultur A STAR IS BORN (Cukor, USA 1954) gegenläufig zur dominanten Lesart an, ein Vorgang, der mit Bordwells Vorstellung von einer sinnstiftenden Rezeption nicht erklärbar ist.

Die von Staiger beschriebene Wahrnehmung Garlands in A STAR IS BORN ist wohl ein herausragendes, aber nicht das einzige Beispiel für eine Umkodierung kanonisierter Hollywood-Werke. Alternative Rezeptionsmodi werden in der filmbezogenen Literatur häufig im Umfeld der homosexuellen Rezeptionskultur verhandelt, wobei Camp oder *Gaiety*[9] stehende Ausdrücke für derartige Rezeptionsmodi sind:

> Anything from the male bonding between teens in REBEL WITHOUT A CAUSE, the flirting and cross-dressing within the vaudeville troupe in SYLVIA SCARLETT, the reversal of dominant gender roles in films with Marilyn Monroe, Joan Crawford, or Rock Hudson, or the restrained, domestic tensions in some of the films of Douglas Sirk (ALL THAT HEAVEN ALLOWS in particular) have been reinterpreted along this sexualized understanding of gaiety. (Mathijs/Sexton 2011: 189-190)

Wird gewissen kulturellen Gruppierungen oder den Zuschauern generell eine eigenständige Rezeptionsleistung zugestanden, realisieren sie auch für theoretische Erfassungen – wie bei Ecos Idee des *offenen Kunstwerks* – eigene Bedeutungen. Bei filmwissenschaftlichen Analysen kann demnach nicht nur nach der Intention des Absenders gefragt werden. Mögliche Wirkungen eines Films, die nur noch im losen Zusammenhang mit ursprünglichen Bestreben des Absenders stehen, müssen

---

[9] Der Begriff ‚*Gaiety*', der wie Camp ein Kunsterleben beschreibt, spielt bewusst mit der historischen Bedeutungsverschiebung von ‚gay' – einem Adjektiv, das zunächst mit ‚heiter' oder ‚fröhlich' übersetzt und allmählich auf ‚homosexuell' umgedeutet wurde (vgl. Mathijs/Sexton 2011: 189). Der Begriff ‚*Gaiety*' – der an sich also bereits mehrdeutig ist – wird auf die Rezeption von Filmen angewendet, die eine frivole Stimmung etablieren und mit homosexuell konnotiertem Subtext ironisch gelesen werden können, wie etwa Filmmusicals: „These films owe much of their cult appeal to the joyful mood they establish with their audiences, to their rentless belief in fun time" (Mathijs/Sexton 2011: 189).

in der Analyse filmischer Ironie dabei im Werk selbst und durch dessen rezeptionsleitenden Merkmale ausgemacht werden.

Wenn ironische Kommunikation eine polyseme Struktur und eine Haltung umfasst, erklärt sich, weshalb alternative Rezeptionshaltungen wie Camp ihrer Natur nach ironisch sind. Filme, die dieser Camp-Ästhetik nahe stehen, können sowohl unmittelbar rezipiert werden, ihnen kann aber zugleich auf weiteren Ebenen Sinngehalte zugeschrieben werden, mit denen auch eine Haltung gegenüber dem Kommunizierten impliziert wird – ungeachtet dessen, ob eine zweite Bedeutungsebene durch den Absender intendiert war.

Camp kann (im Gegensatz zur *Gaiety*) auch jenseits der Diskurse der Homosexuellen-Kultur verwendet werden. Dies zeigt Susan Sontag in ihrem Essay *Notes on Camp*, in dem sie 1964 den Begriff zum ersten Mal theoretisch fasst. Camp sei keineswegs Synonym für homosexuellen Geschmack (vgl. Sontag 1991: 338), vielmehr stecke darin ein genereller „Geist der Selbstrechtfertigung" (Sontag 1991: 339). Nach Sontag ist Camp sowohl eine Erlebnisweise als auch ein Merkmal von Werken – eine Qualität, die den Dingen immanent ist (vgl. 1991: 324). Dabei sind es nicht traditionelle Eigenschaften wie Schönheit und Wahrhaftigkeit, die von der Erlebnisweise des Camp hochgeschätzt werden, sondern der jeweilige Grad an exaltierter Kunstmäßigkeit: „Zum Wesen des Camp gehört vielmehr die Liebe zum Unnatürlichen: zum Trick und der Übertreibung" (Sontag 1991: 322). Camp sei eine Aufwertung von Kulturprodukten, die aus seriöser Sicht als kitschig, zu pompös oder minderwertig galten. Hinter echtem Camp stecke das Genießen einer gescheiterten Ernsthaftigkeit, eines verfehlten Pathos und eines echten Kunstwollens, dem nichts gelungen sei (vgl. Sontag 1991: 329-330):

> Das wesentliche Element im naiven oder reinen Camp ist Ernsthaftigkeit, eine Ernsthaftigkeit, die ihren Zweck verfehlt. Natürlich kann nicht jede Ernsthaftigkeit, die ihren Zweck verfehlt, als Camp gerettet werden. Nur das, was die richtige Mischung von Übertreibung, Phantastik, Leidenschaft und Naivität aufzuweisen hat. (Sontag 1991: 331)

Ein Spannungsfeld zwischen Wirkung und vermeintlicher Absicht tut sich auf. Eine uneigentliche Rezeption entsteht durch die Wertschätzung des Vulgären, durch die Umkodierung und Missachtung dominanter Ideale und durch eine verstellte Anerkennung von Kulturproduktionen, die im markanten Gegensatz zur gängigen Vorstellung ‚guter Kunst' stehen. Eine ironische Rezeptionshaltung, die sich der Camp-Ästhetik erfreut, wird für den Absender zur unberechenbaren Größe.

Dies zeigen auch die Filmbeispiele, die Sontag anführt: Bette Davis' Schauspiel in ALL ABOUT EVE (Mankiewicz, USA 1950) oder die Darstellungen Mae Wests gehören für sie zu den Musterbeispielen (vgl. 1991: 329-330), genau wie Busby Berkeleys Musical-Nummern aus 42ND STREET (Bacon, USA 1933) oder GOLD DIGGERS OF 1933 (LeRoy, USA 1933). Letztere sind mit pathetischem Kunstwillen aufwändig inszeniert und prunkvoll ausgestattet – kaum wollten sie so ironisch erscheinen, wie sie nur einige Jahrzehnte später rezipiert wurden. Der Geist der 1960er Jahre, der auch den kulturellen Kontext um die Camp-Diskurse bildet, steht allerdings im starken Gegensatz zu den unpolitischen und trivialen Inszenierungen Berkeleys. Diese historische Verschiebung scheint eine uneigentliche Sicht auf die unmodernen Filmmusicals der 1930er Jahre erst zu initiieren. Auch nach Sontag sind es solche veränderten Bezugsrahmen, die eine ironisch distanzierte Haltung zu einem naiven Camp-Gegenstand erst erlauben: „Nicht ihr Altern lässt [...] Dinge ‚campy' werden, sondern das Nachlassen unserer Teilnahme an ihnen und unsere Fähigkeit, das Scheitern des Versuchs zu genießen" (Sontag 1991: 333).

Neben diesem *naiven* oder *reinen* Camp beschreibt Sontag auch eine *intendierte* Form. Hier ist es nicht mehr die gescheiterte Ambition, die ein Kunstwerk ausmacht, sondern ein absichtlich überhöhter Ästhetizismus. Intendiertes Camp bezeichnet also keine Erlebnisweise, sondern ist dem Werk immanent, wobei die Ambiguität von Ironie hier bereits im Film angelegt ist – sie muss durch den Rezipienten aber noch dechiffriert werden. Etwas zu pompös, zu frivol und kitschig wird inszeniert, um auf einer weiteren Ebene uneigentliche Bedeutungen und Diskurse des Camps zu assoziieren. Eine ähnliche Form des doppelten Bedeutens beschreibt Jeffrey Sconce in seinem Konzept der *Paracinematic Sensibility* (1995). Wie beim Camp eignen sich Zuschauer mit *Paracinematic Sensibility* Filme gegenläufig dominanter Ideale der Kunstrezeption an. Und beide Erlebnisweisen sind hoch ironisch (vgl. Sconce 1995: 374) – können als Umdeutungsprozesse gewertet werden. Das Paracinema-Konzept verhandelt Daniel Kulle (2012) unter dem Begriff des ‚Trashs', wobei er das Konzept der Trash-Rezeption explizit mit einer ironischen Haltung verbindet:

> Trashfilme sind nicht einfach schlecht, sondern es macht gerade Spaß, dass sie so schlecht sind. Dieses Paradox der doppelten Wertung weist darauf hin, dass die Rezeption eines Films als Trash eine deutlich ironische, uneigentliche Komponente beinhaltet. Dabei ist die Ironie des Trashs zunächst einmal nicht eine Eigenschaft des filmischen Textes oder gar ein vom Autor intendierter Effekt. (Kulle 2012: 41)

Anders als beim Camp kodiert eine Trash-Rezeptionshaltung nicht Filme um, die einen Hang zur Großartigkeit und Übertreibung haben. In der Trash-Rezeption geht es vielmehr um das Rezipieren von Filmen, die so schlecht sind, dass sie durch ihre Ästhetik des Scheiterns für ein bestimmtes Publikum wieder genießbar werden (vgl. Kulle 2012: 24). Und während sich das Trash-Publikum Filme jenseits des Mainstreams eigen macht, sucht eine Camp-Rezeption nach ironischen und subversiven Qualitäten *innerhalb* dieses Mainstreams: „Viele Camp-Objekte stammen daher auch aus dem Mainstream der hegemonialen Kulturproduktion" (Kulle 2012: 23). Obwohl die Konzepte Trash und Camp also durch eine Familienähnlichkeit verbunden sind, ist der ironische Anteil einer Trash-Rezeption streng genommen ein anderer: Die Uneigentlichkeit ergibt sich hier durch das Unterwandern gängiger Geschmacksurteile und das Genießen von Werken jenseits des Mainstreams, wobei (naives) Camp durch eine Sinnkonstruktion, eine Lesart gekennzeichnet ist, die nicht einer hegemonialen Dechiffrierung entspricht.

Bei einer Trash-*sensibility* wird eine unmittelbare Lesart von distanzierten, ironischen Rezeptionsmechanismen abgelöst (vgl. Kulle 2012: 43). Dieser Rezeptionsmodus wird nun zum „Ausdruck einer konstitutiv verstandenen Absurdität" und kann mit Kulle als eine Aktualisierung historischer Strömungen wie der romantischen Ironie und des Absurdismus gedeutet werden (vgl. 2012: 43). Die ironische Trash-Rezeption sucht in Werken, die so schlecht sind, dass sie gerade dadurch einen Genuss werden, nicht mehr nach vereinheitlichenden, zentripetalen Kräften, sondern liest sie bewusst als Fragment:

> Eine der romantischen Ironie verpflichtete Rezeptionshaltung würde einen Film also zunächst als inkonsistentes Fragment wahrnehmen wollen, als Text, dessen kohärenzstiftende Kräfte nur unvollständig wirken und der stets von zentrifugalen, den Text sprengenden Kräften in Frage gestellt wird. Eine solche Rezeptionshaltung würde diese Widersprüche nicht nur suchen, sondern sich genau an ihnen erfreuen, da sie jenes ‚Gefühl der Absurdität' hervorruft und so die ironische Geisteshaltung des Rezipienten bestätigt. (Kulle 2012: 48)

Bei Filmen wie GLEN OR GLENDA (Wood, USA 1953) oder THE HORROR OF PARTY BEACH (Tenney, USA 1964) geht es also darum, den inkohärenten Inszenierungen ironisch eine absurde oder surreale Qualität abzugewinnen. Das Werk wird als Fragment rezipiert – eine Qualität, die auch Umberto Eco (2012a) in seinem Essay zu CASABLANCA (Curtiz, USA 1942) als Voraussetzung eines Kultfilms begreift und die im Gegensatz zur künstlerischen Dichte steht.

Mittels ironischer Rezeptionsstrategien können aber nicht nur ästhetische Aspekte umgedeutet werden, auch politische Tendenzen eines Werkes wie reaktionäre und konservative Elemente können uneigentlich gelesen und in ihr Gegenteil verkehrt werden. Filme wie MONDO CANE (Ciacopetti, IT 1962), die in voyeuristischem und pseudo-dokumentarischem Stil über inszenierte und imaginierte Tötungsrituale fremder Naturvölker aufklären, werden trotz xenophober Perspektive ironisch rezipiert, in Distanz gesetzt und umgedeutet (vgl. Sconce 1995: 383). Die unmoderne, naive Sichtweise auf andere Kulturen, die Angst vor dem Fremden, die in Zeiten der zunehmenden Globalisierung wie ein Anachronismus wirkt, weckt wohl auch in diesem Fall jenes ‚Gefühl der Absurdität', das für Kulle Element der Trash-sensibility ist (vgl. 2012: 48). Die fragmentarische, unfertige Qualität der billig produzierten Pseudo-Dokumentation MONDO CANE bestärken diesen Rezeptionsmodus hier zusätzlich.

Analog zu Camp kann auch Trash naiv oder intendiert sein. Beim naiven Trash stehen zugeschriebene Ambitionen des implizierten Autors und die Wirkung des Films in einem Spannungsverhältnis zueinander. Genau wie beim reinen Camp, das von gescheiterter Ernsthaftigkeit geprägt ist, wirkt naiver Trash auf unfreiwillige Weise komisch. Erscheinen Trash-Qualitäten hingegen absichtlich integriert, ist die *Paracinematic Sensibility* nicht mehr reines Element der Rezeption; der surreale und zentrifugale Charakter wird zum intendierten Aspekt. In dieser Form ist intendierter Trash – genau wie das absichtliche Camp – nicht mehr allein eine Strategie der ironischen Aufwertung durch die Zuschauer, sondern eine immanente Qualität des Films (und rezeptionsästhetischer Aspekt), wobei die ironische Rezeption durch ihn geleitet wird.

Dieses Kapitel abschließend ist festzustellen, dass eine ironische Sinnzuschreibung also stets im Zusammenhang mit dem Prozess der Rezeption steht – ob sie vom Autor des Werks nun bewusst angelegt war oder nicht. Dem Film müssen aber (latente) Eigenschaften immanent sein (auch wenn sie nicht intendiert sein müssen), die die Zuschauer einladen, ihn im Kontext seiner Rezeptionssituation ironisch zu lesen.

Das nächste Kapitel, das sich der universellen Form der Ironie widmet, kehrt in diesem Sinne wieder zum Werk – seinen Eigenschaften und Subtexten – zurück, die den Rezipienten auf eine ironische Geisteshaltung hinweisen können: Ironie wird dann zum Modus eines gesamten Werks.

2.3 Ironie als Geisteshaltung

Die Tradition, Ironie nicht als lokalen sprachlichen Tropus sondern als umfassenderen Modus der Literatur und Philosophie zu verstehen, setzt im 18. Jahrhundert mit dem Kulturphilosophen Friedrich Schlegel ein. Ihm erschien die rein rhetorische Ironie-Definition unvollständig, da sich Ironie als Redefigur nur lokal im Text niederschlagen kann und sich so auf bestimmte Stellen beschränkt. Für Schlegel wurden Philosophie und Literatur zur neuen ‚Heimat' der Ironie, die er nun als Geisteshaltung nicht mehr nur lokal manifestiert sah, sondern als eine qualitative Größe, die sich durch das ganze Werk hindurch ziehe (vgl. Behler 1997: 47). Auch Northrop Frye bezeichnet in seinem 1964 erschienenen einflussreichen Buch *Anatomy of Criticism: Four Essays* Ironie nicht als isolierbares Textelement, sondern als Dichtart oder Attitüde eines Werks (vgl. Frye 1964: 227).

Ironie, die sich hier als umfassende Haltung oder Stimmung niederschlägt, kann aus dieser Perspektive also kaum mehr als auf einzelne Passagen und Redefiguren begrenzte Form des doppelten Bedeutens gedacht werden. Redet man über ‚Ironie als Geisteshaltung', treten an seine Stelle stattdessen generelle Zweifel gegenüber den Möglichkeiten menschlicher Kommunikation. Die von Booth beschriebene *universelle* Ironie weist in diesem Sinne darauf hin, dass keine Kommunikation mehr eindeutig sein kann;

> „leaving the possibility, and in infinite ironies the clear implication, that since the universe (or at least the universe of discourse) is inherently absurd, all statements are subject to ironic undermining. No statement can really mean what it says" (1974: 240).

Während es für die bisher erläuterten Formen der Ironie eine klar begrenzte Bedeutungsdifferenz zwischen Ausgesagtem und Gemeintem gibt, fehlt bei der universellen Ironie dagegen der stabile Zusammenhang zwischen den beiden Sinnebenen (vgl. Booth 1974: 240). Ironie kann folglich zum grundsätzlichen Misstrauensausdruck gegenüber Bedeutung und Wahrheit werden: „a philosophical stance vis-a-vis the universe" (Hutcheon 2005a: 9).

Während stabile, rhetorische Formen der Ironie bereits eine semantische Operation beschreiben, „die das Besprochene im Sprechen nicht nur setzt, sondern auch in Distanz setzt" (Wulff 1999: 264), wird das Verwenden ironischer Aussagen in philosophischem Zusammenhang zur *Meta-Kommunikation* schlechthin: Ironie wird zum *Diskurs des Diskurses*, zum Ausdruck der kritischen Haltung gegenüber der Möglichkeit von Kommunikation.

2.3.1 Romantische Ironie

Im 18. Jahrhundert wird Ironie mit den Theorien Schlegels erstmals als eine *Geisteshaltung* gefasst. Schlegel versucht, das uneigentliche Mitteilen als charakteristisches Merkmal der romantischen Literatur zu fassen, die den „göttlichen Hauch der Ironie" atme (vgl. Behler 1997: 40). Ab nun wird das Konzept der Ironie nicht mehr als rhetorischer Tropus auf einzelne, isolierte Stellen beschränkt, sondern vom Werk durchgängig gesetzt (vgl. Behler 1997: 41).

In der Dichtung der Romantik verweisen ironische Aussagen auf die Spannung zwischen illusionistischer Kunst und Realität: „Dieses ironische Kontrapunktieren von illusionärer Dichtung und empirischer Wirklichkeit macht uns bewusst, dass das dargestellte Werk letztlich nicht Leben, sondern Literatur ist, die eines Autors bedarf" (Behler 1997: 52). Romantische Ironie bezweckt also künstlerische Illusionszerstörung. Um sie durchzusetzen, markiert sich ein Erzähler der Regel nach in einer doppelten Präsenz, wobei er sowohl „als schöpferischer Dichter und als zynischer Kommentator" auftritt (Behler 1997: 53). Aber auch mit anderen Mitteln der Metafiktion wird die Illusion aufgebrochen.

Mit seinen kontrastierenden Kräften gilt Cervantes Roman Don Quijote als Paradebeispiel romantischer Dichtung: durch die Verdoppelung der Erzählstimmen spielen zwei diegetische Ebenen ineinander, zwischen denen die Helden der Geschichten auch auf metaleptische Weise[10] changieren können (vgl. Behler 1997: 57). Der

---

[10] Als ‚Metalepse' wird die Transgression zwischen unterschiedlichen diegetischen Ebenen oder das Einwirken einer extradiegetischen Ebene auf die Erzählung bezeichnet – etwa das Eingreifen eines „extradiegetischen Erzählers oder narrativen Adressaten" (Genette 1994: 168) ins diegetische Universum. Ursprünglich von Gérard Genette in *Die Erzählung* (1994) für die Literatur gefasst, wurde der Begriff ‚Metalepse' auch für filmische Texte theoretisch beschrieben. „Obwohl Filme nicht auf dieselbe Weise erzählen wie literarische Texte, findet sich eine derartige, die diegetische Struktur der erzählten Welt konstituierende Ebenenlogik auch in filmischen Erzählungen" (Thon 2009: 87). Als berühmtes Beispiel für eine filmische Metalepse gilt Woody Allens THE PURPLE ROSE OF CAIRO (USA 1985): Die fiktive Film-im-Film-Figur Tom Baxter (Jeff Daniels) durchbricht nicht nur die vierte Wand und spricht zur Zuschauerin Cecilia (Mia Farrow) im diegetischen Kinoraum, sondern entsteigt auch der Leinwand und beginnt eine Romanze mit dieser. Ein solcher – im illusionistischen Kino unmöglicher – Wechsel zwischen Hyperdiegese und Diegese kann mit Genette als bizarr gedeutet werden (vgl. 1994: 168) und als ironisches Spiel mit

Roman spielt mit seiner eigenen Form und rückt so das Problem der literarischen Mitteilung auch für seine Leserschaft selbstreflexiv ins Zentrum.

Illusionsbrechung funktioniert in der romantischen Epoche aber noch nicht als vollständige Auflösung der künstlerischen Entität, sondern wirkt hingegen der Verklärung des Künstler-Ichs entgegen. Diese romantische Vorstellung von Individualität und der Willensautonomie eines Subjekts fußt noch in den Ideen der Renaissance (vgl. Schweinitz 2006: 119). So ist es erst der *postmoderne Zeitgeist*, der diese Ideale der Kunst hinterfragt. Dabei richtet die Postmoderne ihre Skepsis nicht nur gegen das verklärte Individuum der Romantik, sondern auch gegen „die Idee von der Wahrnehmung der ‚Realität an sich'" (Schweinitz 2006: 119).

Abbildung 19-21: In FUNNY GAMES (Haneke, A 1997) durchwirken sich verschiedene Diegese-Ebenen: Ein Täter spricht die Zuschauer direkt an, später macht er den Tod seines Komplizen kurz entschlossen rückgängig, indem er durch einen metaleptischen Eingriff die jüngsten Ereignisse des Films zurückspult.

Da die romantische Ironie eine historisch-gewordene Konzeption ist, lassen sich ihre Prämissen nicht ohne weiteres auf den Film übertragen. Die Mittel der Metafiktion, die in der romantischen Dichtung die Verdoppelung der Stimmen erwirkt hatten, finden aber auch im Film ihre Verwendung. Ein Beispiel: In Michael Hanekes FUNNY GAMES (A 1997) wird mit metafiktionalen und metaleptischen Techniken ein ironischer Umgang mit der eigenen Medialität evoziert. Mit Blicken in die Kamera und der direkten Ansprache der Zuschauer durch die beiden Täter, Paul (Arno Frisch) und Peter (Frank Giering), die ein Ehepaar und Kind aus reiner Zerstörungswut in deren Ferienhaus festhalten und foltern, werden die üblichen illusionsfördernden Darstellungsmittel des Films durchbrochen oder umgangen. Auch als es Mutter Anna (Susanne Lothar) gelingt, einen Täter zu erschießen, wird die gegenseitige Durchwirkung unterschiedlicher diegetischer Ebenen – wie sie auch der ro-

---

der konventionellen filmischen Erzählung. Zusätzlich wird durch metaleptische Eingriffe in die Diegese – so werden auch einige Beispiele dieser noch Masterarbeit zeigen – ein ironischer und selbstreflexiver Blick auf den eigenen Status als Film evoziert.

mantischen Dichtung eigen war – inszeniert: Der Komplize des Getöteten spult den Film, in dem er eigentlich nur Figur ist, kurzerhand zurück, um jüngste Ereignisse ungeschehen zu machen und seinen Freund durch ein filmisches Wunder wieder auferstehen zu lassen. Wie in der romantischen Ironie macht die Enunziation auf sich aufmerksam, indem eine Figur metaleptisch in sie eingreift; der Film wird zum ironischen Kommentar über sich selbst und seine Ausdrucksformen.

2.3.2 Ironie und Kontingenz

Der Kontingenzphilosoph Rorty (vgl. 2012) positioniert seine Theorie innerhalb der postmodernen Landschaft: es steht nicht mehr das Problem der literarischen Mitteilung im Zentrum wie bei der romantischen Ironie, sondern die Möglichkeit der Wahrheitsfindung. Der Begriff ‚Ironie' wird beim amerikanischen Philosophen dann auch zum Synonym einer kritischen Haltung gegenüber jeder Form von positivistischem, verbindlich geglaubtem Wissen. So schreibt er:

> ‚Ironikerin' nenne ich eine Person, die der Tatsache ins Gesicht sieht, dass ihre zentralen Überzeugungen und Bedürfnisse kontingent sind – nenne ich jemanden, der so nominalistisch und historisch ist, dass er die Vorstellung aufgegeben hat, jene zentralen Überzeugungen und Bedürfnisse bezögen sich zurück auf eine Instanz jenseits des raumzeitlichen Bereiches. (Rorty 2012: 14)

Rortys Ironismus versteht jeden Diskurs als kontingent. Wahrheit ist für ihn kein Element der außersprachlichen Natur, auf die sich menschliche Kommunikation deshalb nicht länger beziehen kann. Sie wird vielmehr erst durch Kommunikation produziert: „Dass die Wahrheit nicht dort draußen ist, heißt einfach, dass es keine Wahrheit gibt, wo es keine Sätze gibt, dass Sätze Elemente menschlicher Sprachen sind und dass menschliche Sprachen von Menschen geschaffen sind" (Rorty 2012: 24). Für Rortys Ironikerin ist jede Form von Wahrheit diskursabhängig. Die Welt kann sich nicht in „satzförmige Stücke namens ‚Tatsachen'" (2012: 24) unterteilen, weil der nicht-sprachliche Zustand der Welt ja keine Wahrheiten kennt; sie kann nicht entscheiden, welche Beschreibungen von ihr richtig sind und welche nicht: „Die Welt spricht überhaupt nicht. Nur wir sprechen" (Rorty 2012: 25). Und dieses Erkennen der Sprachkontingenz hängt mit dem Erkennen der Kontingenz unseres Bewusstseins, unsere Geschichte und Wissenschaft, unserer Kultur und Politik zusammen (vgl. Rorty 2012: 31).

Aussagen und Urteile werden bei Rorty auf Grundlage von *Vokabularen*[11] getroffen. Jeder Mensch, jede Epoche und jede Gedankenströmung verwendet gemäß Rorty ihr eigenes Vokabular, das *abschließend* sei, „insofern, als dem Nutzer keine Zuflucht zu nicht-zirkulären Argumenten mehr bleibt, wenn der Wert der Wörter angezweifelt wird" (2012: 127). Alle beschreiben ihre Gedanken innerhalb eines abgeschlossenen Vokabulars, über das niemand hinausreichen kann. Der Unterschied zwischen einer Ironikerin und dem Rest der Menschen liegt nun darin, dass sie anerkennt, dass ihr keine wahren, keine ‚wertneutralen' Aussagen jenseits seines Vokabulars möglich sind, während die anderen dies nicht hinterfragen.

Zusammengefasst erfüllen der Ironiker oder die Ironikerin nach Rorty drei Bedingungen:

> (1) sie hegt radikale und unaufhörliche Zweifel an dem abschließenden Vokabular, das sie gerade benutzt, weil sie schon durch andere Vokabulare beeindruckt war, Vokabulare, die Menschen oder Bücher, denen sie begegnet ist, für endgültig nahmen; (2) sie erkennt, dass Argumente in ihrem augenblicklichen Vokabular diese Zweifel weder bestätigen noch ausräumen können; (3) wenn sie philosophische Überlegungen zu ihrer Lage anstellt, meint sie nicht, ihr Vokabular sei der Realität näher als andere oder habe Kontakt zu einer Macht außerhalb ihrer selbst. (2012: 127)

Für Rorty ist es Aufgabe der Kunst, die Kontingenzerfahrung zu transportieren. Kunstwerke, die einen solchen ironischen Standpunkt einnehmen, hegen Zweifel gegenüber dem eigenen Vokabular. Ironische Standpunkte bezeichnet Rorty deshalb als *metastabil*: „nie ganz in der Lage, sich selbst ernst zu nehmen" (2012: 128). So bleiben sich ironische Arbeiten „dessen gewahr, dass die Begriffe, in denen sie sich selbst beschreiben, Veränderungen unterliegen, immer im Bewusstsein ihrer Kontingenz und der Hinfälligkeit ihrer abschließenden Vokabulare, also auch ihrer eigener Selbst" (2012: 128). Für ironische Kunst wird die Unterscheidung zwischen ‚bloßem' Ästhetizismus und moralisch wertvollen Inhalten hinfällig, weil jede Form des Werturteils kontingent und sprachbefangen ist (vgl. Rorty 2012: 141). Weil ironische Kunst nicht mehr nach dem ‚richtigen' Vokabular suche, wie es manche modernistische Strömungen noch taten, ist sie letzten Endes vom Drang der Innovation und der Suche nach Wahrhaftigkeit befreit. Ihr bevorzugter Modus des Schaffens ist nach Rorty die Neubeschreibung vergangener, abgeschlossener Vokabulare, von denen sie – wie in dem längeren Zitat festgestellt – bereits beein-

---

[11] Der Begriff der Vokabulare schliesst in diesem Zusammenhang Gestaltungsmittel des Films mit ein, die, genau wie rein sprachliche Kommunikation, ähnlichen Mechanismen der Standardisierung und Stereotypisierung unterliegen.

druckt war. In postmoderner Manier befreit sich diese künstlerische Ironie auch vom Diktum der klassischen, auf Wahrheit ausgerichteten Abbildung der Wirklichkeit, scheint es ihr doch nicht mehr möglich, Realität zu imitieren und Wirklichkeit jenseits des Medialen zu repräsentieren.

Rortys Ironismus kann auf eine erweiterte Form der filmischen Ironie übertragen werden, wie sie für Werke typisch ist, die dem postmodernen Kanon hinzugezählt werden. Ein Film, der die Einstellung eines Ironikers adaptiert, wird metastabil: Es wird nicht mehr suggeriert, dass mit einem künstlerischen Vokabular allgemeingültige Darstellungsformen erreicht werden können, oder Wirklichkeit und Wahrheit zu (re-)präsentieren wäre. Mit Rorty argumentiert, kann in solchen Filmen auch das Bewusstsein abgebildet sein, dass sich jede ästhetische Ausprägung nach einer gewissen Zeit als Teil eines abgeschlossenen und veralteten Vokabulars erweist. Solch ein Film zitiert – befreit vom Druck künstlerischer Innovation – offen seine Vorgänger, wird zum filmischen Echo der Vergangenheit und weist die Zuschauer auf die Unmöglichkeit der Abbildung von Wahrheit hin. Motive aus dem „Mythenrepertoire" (Schreckenberg 1998: 122) oder „Versatzstücke des Erzählens" (Felix 1996: 401) werden wieder aufgenommen und ironisch als Konstruktionen, Stereotype oder Elemente vergangener Vokabulare demontiert, um auf die Kontingenz aller Diskurse hinweisen zu können. „Die Texte, Motive, Erzählverfahren, Figuren usw. [...] können ironisch behandelt werden, weil ihre Konventionalität und ihr Status als kontingente kulturelle Konstruktion spürbar geworden ist" (Eder 2002: 16) – so beschreibt Jens Eder das Phänomen. Er bezieht sich auf eine Ironie, die nicht länger auf moralischen Vorstellungen und Werthaltungen basiert und die daher als eine geeignete Methode der Kunst erscheint, auf die Kontingenzerfahrung unserer Zeit zu reagieren (vgl. Eder 2002: 38 ff.).

Rortys philosophische Ansätze eigenen sich gut, um mit ihnen die Geisteshaltung und den Gestus postmoderner Filme zu erfassen. Wenn die Hauptfigur Ed Crane (Billy Bob Thornton) in THE MAN WHO WASN'T THERE (Coen, USA 2001) etwa mit einer ähnlichen *Voice-over* in die Geschichte einführt, wie dies John Garfield schon in THE POSTMAN ALWAYS RINGS TWICE (Garnett, USA 1946) tat, und die schwarz-weißen Bilder im Coen-Film die Ästhetik des *Film noir* assoziieren, dann ahmt THE MAN WHO WASN'T THERE die Haltung eben dieser Werke der 1940er Jahre nach. In seiner Ernsthaftigkeit und Wortkargheit erinnert der Protagonist Crane selbst an seine *Film-noir*-Vorgänger. In Momenten hingegen, in denen er seiner resoluten Ehefrau in der Badewanne die Beine rasieren oder sich vor ihrem

Liebhaber als Kriegsdeserteur blamieren muss, durchbricht die filmische Inszenierung allfällig stereotype Vorstellungen des grimmigen *Film-noir*-Antihelden und seinem Ideal der Männlichkeit wieder. Diese ironische Differenz verweist letzten Endes auf den kontingenten Status vergangener Filmkunst (und deren Modellieren männlicher Figuren), präsentiert sie doch in nostalgischer und zugleich demontierender Manier spürbar historisch gewordene Versatzstücke filmischen Erzählens. Auch in den Fallstudien im vierten Kapitel wird sich zeigen, dass Rortys Kontingenzverdacht auf die Grundstimmung postmoderner Filme übertragen werden kann.

Abbildung 22-25: Mit seiner kontrastreichen Inszenierung erinnert THE MAN WHO WASN'T THERE (Coen, USA 2001) an die historisch-gewordene Ästhetik des Film noir. Durch ironische Unstimmigkeiten wird jedoch mit den evozierten Erwartungen gebrochen, so dass die Konventionen für die Zuschauer als kontingente Konstruktion erfahrbar werden.

Zunächst befreit die Kontingenzerfahrung das ironische Kunstwerk vom Innovationsdruck, mit Rortys *Metastabilität* lässt sich aber auch erklären, weshalb Ironie wiederholt mit Melancholie in Verbindung gebracht wird. Mit einem Gefühl der eigenen Unzulänglichkeit und dem Bewusstsein für das ewige Chaos „bewegt man sich auf die wehmütige und melancholische Ironie hin" (Behler 1996: 825). Ironie wird zur Erkenntnis der eigenen Zeitlichkeit und Fragmentiertheit. Melancholie bestimmt auch – passend zur *Film-noir*-Ästhetik – die Grundstimmung des Coen-Films THE MAN WHO WASN'T THERE.

3 Dimensionen der Ironie im Film

Da ironische Äußerungen stets kommentierend und referentiell zugleich sind (vgl. Wulff 1999: 264), Ironie also eine mehrdeutige Form der Kommunikation über etwas ist, spielt die qualitative Ausprägung unterschiedlicher Dimensionen und ihrer Beziehungen innerhalb dieses polysemen Konstrukts eine entscheidende Rolle. Drei dieser Beziehungsdimensionen werden in diesem Kapitel in den Vordergrund gerückt: (1) die *Beziehung zwischen Mitgeteiltem und Erwartetem*, (2) die *Beziehung zwischen Mitgeteiltem und Gemeintem*, und (3) die *Beziehung zwischen Gemeintem und dem Werthintergrund*. Es sind die Beziehungsdimensionen, entlang derer Spielformen filmischer Ironie am besten analysiert werden können. Die drei folgenden Unterkapitel erfassen die Dimensionen in folgender Hinsicht:

Ironie wird am ehesten dann auch als solche erkannt, wenn eine filmische Äußerung entgegen der Kongruenzerwartung inszeniert ist. Das schafft eine differentielle Einheit – eine Inkongruenz im Dargestellten, die wiederum dem Adressaten Anlass gibt, über die Botschaft nachzudenken und über reine Information hinaus noch weiteres abzuleiten (vgl. Wulff 1999: 264). Im ersten Unterkapitel, das sich der Beziehung zwischen *Mitgeteiltem und Erwartetem* widmet, werden die dazugehörigen Schlüsselbegriffe eingeführt: *Kongruenzerwartung und differentielle Einheit*. Sie bestimmen sowohl auf ton-, bild- als auch auf handlungslogischer Ebene, was in einem filmischen Werk ironisch aufgefasst wird und was nicht.

Die Verbindung zwischen *Mitgeteiltem und Gemeinten* (Kapitel 3.2) beschreibt, in welcher Beziehung die vermittelten Sinngehalte zueinander stehen. Diese Verbindung konstruiert sich zunächst aus einer *Bedeutungsdifferenz*: Das oberflächlich Mitgeteilte unterscheidet sich vom eigentlich Gemeinten (vgl. Hutcheon 2005a: 65). Dabei legen es theoretische Bearbeitungen des Themas nahe, dass ironisches Verstehen nicht die einfache Auflösung einer Desambiguität bedeute, sondern dass die beiden Sinngehalte vielmehr koexistent eine neue, ironische Bedeutung ergeben.

Die Beziehung zwischen dem *Gemeintem und dem Werthintergrund* wirft erstmals explizit die Frage nach Funktionen der Ironie auf. Funktionen und Wirkungen des uneigentlichen Bedeutens variieren, je nachdem mit welcher Wertanschauung Ironie in Verbindung gebracht wird. Agiert sie beispielsweise in einem satirischen Register, ist der Sinngehalt ein deutlich anderer, als wenn sie in einer instabileren

Form vorhanden ist. Dies wird Anlass geben, erneut über das postmoderne Spannungsverhältnis von Ironie, Selbstreferentialität und Intertextualität nachzudenken.

3.1 Mitgeteiltes und Erwartetes

3.1.1 Kongruenzerwartung und diskursive Gemeinschaften

Wenn filmische Ironie theoretisiert wird und davon ausgegangen wird, dass das Ironische immer mit weiteren Sinngehalten assoziiert wird, muss danach gefragt werden, was eine Suche nach diesen Sinngehalten seitens des Zuschauers überhaupt erst initiiert – das ironische Rezipieren also vom ‚normalen' Rezipieren unterscheidet. Wulff schlägt vor, dass es sogenannte *Kongruenzerwartungen* sind, die den Erwartungshorizont des Rezipienten bestimmen, und die eine Suche nach ironischen Bedeutungen auslösen, wenn sie durch die Inszenierung unterwandert werden (vgl. 1999: 264). Um allfällige ironische Sinngehalte zu bemerken und zu erkennen, wird (unbewusst) nach einer Diskrepanz zwischen Wörtern und Taten, zwischen Erwartungen und Resultaten, oder nach Repetition und Kontrast gesucht (vgl. Hutcheon 2005a: 25). Solche inszenierten Kunstgriffe auf Bild- oder Handlungsebene können als *Markierungen*, das heißt als immanente Hinweise auf Ironie, begriffen werden. Sowohl formalistische Analyseansätze – die solche Andeutungen im Text verankert suchen – wie auch pragmatisch ausgerichtete Konzepte implizieren, dass etwas Text- oder Filmimmanentes die Zuschauer darauf hinweist, nach weiteren Sinngehalten zu suchen (Hutcheon 2005a: 149).
Eine umfassende Liste solcher Markierungen kann allerdings weder für die schriftliche Sprache noch für den Film erstellt werden: Markierungen sind kontextabhängig und variieren – je nach Plot oder Genre – in ihrer Funktion (Hutcheon 2005a: 148). Hutcheon nennt daher fünf nur grobe Oberkategorien, die strukturaler Natur sind und in welche Ironie-Markierungen meist fallen. Sie zählt hierzu erstens das *Wechseln des Registers*, zweitens *Über- oder Untertreibung*, drittens *Widersprüche und Inkongruenzen*, viertens *Vereinfachung und Simplifizierung eines Sachverhalts* und fünftens die *Repetition und echogene, wiederholende Erwähnung* (Hutcheon 2005a: 156). Diese fünfte Form der Ironie-Markierung – die Wiederholung – spielt besonders in Zusammenhang mit intertextuellen Verweisen eine entscheidende Rolle. Hier produziert sich Ironie häufig in den veränderten Bedeutungszusammen-

hängen zwischen dem Ursprungstext und der Wiederholung. Die postmoderne Intertextualität zieht ihre Ironie zusätzlich aus einem metadiskursiven Kommentar gegenüber dem erschöpften Innovationsgedanken und der steten Wiederholung.

In ein- und derselben Szene aus Oliver Stones NATURAL BORN KILLERS (USA 1994) scheinen die Ironie-Markierungen sogar gleichzeitig auf: um Mallorys (Juliette Lewis) missbräuchliche Vergangenheit in Form einer Rückblende zu erzählen, vollzieht der Film einen markanten Registerwechsel, der den Rückblick rahmt. Denn innerhalb der Rückblende wird der sexuelle Übergriff des Vaters nicht etwa mit einer für das Medium Film realistischen Inszenierung verhandelt, sondern im Stil einer Fernseh-Sitcom: mit einer für diese Gattung typischen Titelsequenz blickt Mallory direkt in die Kamera, dazu wird der Titel *I Love Mallory* als Schrift in Herzform eingeblendet – eine deutliche Parodie der berühmten amerikanischen TV-Serie I LOVE LUCY (USA 1951-1957). Die für Sitcoms ebenso typischen Publikumslacher aus der Konserve werden hier an den unpassendsten und dramatischsten Stellen eingespielt, so dass sich für die Zuschauer *Widersprüche* einstellen. Die Sequenz zeigt, gesamthaft gesehen, eine überdeutliche *Untertreibung*: das Register ‚Familien-Sitcom', bekannt für beschönigendes Darstellen des amerikanischen Familienlebens, ist eine inadäquate Form für die Verhandlung solch ernster Thematik wie ein Missbrauch durch den Vater. Die unangemessenen Lacher akzentuieren kontrapunktisch die Dramatik der Situation.

Abbildung 26-27: In NATURAL BORN KILLERS (Stone, USA 1994) lösen plötzliche Registerwechsel eine ironische Interpretation aus.

Ironie-Markierungen können jedoch nur bis zu einem gewissen Grad stabil sein. Verweisen sie nämlich allzu deutlich auf einen ironischen Sinngehalt, verliert die Ironie ihren polysemen Charakter, da beide Bedeutungen für die Rezipienten bereits an der Oberfläche erfassbar werden: die Ambiguität und intellektuelle Demontage fallen dann weg. Als Beispiel hierfür erwähnt Hutcheon (2005a: 149) den Film

WAYNE'S WORLD (Spheeris, USA 1992): der Protagonist Wayne Campbell (Mike Myers), der in seinem Keller eine Kabelfernseh-Show aufnimmt und so unverhofft Berühmtheit erlangt, hat die Angewohnheit, jede ironische Aussage mit einem heftigen „– not!" ausklingen zu lassen. Diese repetitive Negation an der kommunikativen Oberfläche verdreht jegliche Ambiguität der vorangehenden Aussage in ihr Gegenteil – die Markierung ist so eindeutig kodiert, dass die Ironie ihren doppeldeutigen Charakter verliert.[12]

Kongruenzerwartungen, die uns Ironie dank Markierungen erkennen lassen, werden durch *diskursive Gemeinschaften* und geteilten kulturellen Kontext geschaffen (vgl. Hutcheon 2005a: 143):

> Irony happens because what could be called ‚discursive communities' already exists and provide the context for both the deployment and attribution of irony. We all belong simultaneously to many such communities of discourse. (2005a: 18)

Solche diskursiven Gemeinschaften ermöglichen und begrenzen zugleich durch Konventionen unser Wahrnehmungspotential für Ironie. Das Kennen von Konventionen schafft eine Erwartungshaltung, die ironische Aussagen unterwandern können. Fehlt dieses Wissen, ist es schwierig, Ironie zu erkennen und über deren Angemessenheit zu entscheiden (Hutcheon 2005a: 100-101). Nachvollziehbar ist dies etwa für Leute, die eine neue Sprache erlernt haben und denen es zugleich noch schwer fällt, alle Zwischentöne in dieser neuen Sprache zu erkennen. Geteilte Kenntnisse schaffen Grundsätze, ähnlich einem Verbund von Regeln, wie etwas stimmig – oder im Fall der Ironie eben unstimmig – dargestellt werden soll. Darüber hinaus determiniert geteiltes Wissen, welche Themen mit welchen Modalitäten im ‚Normalfall' verhandelt werden. Kurz: diskursive Gemeinschaften und ihr kulturell gewachsenes Wissen und der darauf fußende Erfahrungs- und Erwar-

---

[12] Trotz dieser geforderten *Ambiguität* ist Ironie aber nicht nur *vage* im Film vorhanden. Philipp Brunner schreibt zur Interpretation filmischer Ambiguität: „Für filmwissenschaftliche Betrachtungen wie allgemein auch für die ästhetische Theorie wichtiger ist die Erörterung der Ambiguität auf struktureller Ebene: Hier können dann unterschiedliche Beschreibungen, die das filmische Material aufgrund seiner – von der Regie bewusst so angelegten oder sich durch Schnitt- und Montagefehler oder nachträglich erfolgte Eingriffe in das Filmmaterial eher zufällig und ungewollt ergebenden – Mehrdeutigkeit und der daraus resultierenden Offenheit, Unbestimmtheit (Indeterminiertheit) oder auch Undurchsichtigkeit (Opakheit) zulässt, zu divergenten und ‚offenen' Interpretationen führen, die aber – im Unterschied zum Konzept der *Vagheit* – am konkreten Film belegbar und nachvollziehbar sein müssen" (2012). Auf diesen Grundsatz – die Nachvollziehbarkeit – stützen sich auch die Filmanalysen dieser Arbeit.

tungshorizont schaffen Grundlagen sowohl für eigentliches wie auch uneigentliches Mitteilen und Verstehen.[13]
Selbstverständlich gibt es auch Fälle ironischen Kommunizierens, bei denen die weiteren Sinngehalte nicht dechiffriert und folglich nicht verstanden werden. Hutcheon betont aber, dass es falsch wäre, Leute, die eine ironische Mitteilung nicht erfassen, als ‚victims' dieser Ironie zu erfassen, wie es in englischsprachiger Literatur zum Thema oft geschieht: „They may not care at all" (2005a: 95). Dies kommt daher, dass Ironie ein effizientes Mittel ist, einen *Mehrwert* beizusteuern – wird dieses ‚Mehr' durch den Zuschauer aber ignoriert, behält der Film dennoch einen gewissen Wert bei. Später, bei der Besprechung postmoderner Filme, wird sich außerdem zeigen, dass Ironie oftmals auch *doppelt-* oder gar *mehrfachkodiert* sein kann (vgl. Amann 2011). Hier kann kein Bedeutungsgehalt mehr hierarchisch über den anderen gestellt werden: ein Inhalt kann sowohl auf unmittelbare Weise, als auch uneigentlich, ironisch verstanden werden. Die nicht-ironische Lektüre solcher Filme wäre daher nicht ‚falsch' – die Zuschauer müssen sich auch kaum mehr zwischen einer ironischen oder unmittelbaren Rezeption entscheiden, sondern sie können zwischen den beiden Modi oszillieren (vgl. Eder 2002: 17).

3.1.2 Intertextualität

Die Bedeutungsebenen eines Films werden unter anderem durch seine *intertextuellen Verbindungen* determiniert: „Ein Text steht in einer Traditionsreihe anderer Texte und reproduziert eine nicht nur ihm allein zukommende Art und Weise, einen Stoff darzustellen" (Wulff 1999: 257). In seinem Buch Palimpseste beschreibt der französische Literaturwissenschaftler Gérard Genette, dass Intertextualität jede Form der Beziehung zwischen zweien oder auch mehreren Texten umfasst (vgl. 1993: 10), wobei solche Übernahmen unter anderem auch ironisch sein können. Intertextualität ist mit ironischer Kommunikation zunächst auf einer *strukturellen* Ebene verwandt: Bei ironischen Aussagen existiert neben einer oberflächlichen

---

[13] Das Verstehen von Ironie – oder von Polysemie im Allgemeinen – ist nicht nur kulturell und subkulturell determiniert, sondern auch zeitabhängig. Kaczmarek schreibt daher: „Hinzu tritt eine historische Perspektivierung: Im Laufe der Zeit können bisher nur theoretisch mögliche Bedeutungen zu aktualen werden, andere, bisher geltende und möglicherweise sogar die von den Filmemachern intendierten können dagegen hinter neuen Kontextualisierungen zurücktreten oder verblassen" (2012a).

Bedeutung eine zweite Sinnebene, die dank intellektueller Dechiffrierung und kontextuellem Wissen verstanden werden kann. Textuelle Übernahmen haben einen ironischen Charakter, wenn ihre zweite Bedeutungsebene (gemäß der Definition von Ironie) *evaluativ* oder *metadiskursiv* ist: Eine Anleihe an einen anderen Text soll in spielerischer bis satirischer Manier durch die Kopräsenz zweier Texte eine Haltung konstruieren – also auch über seine intertextuellen Verbindungen und seine Vorgänger etwas aussagen. Ironie wird bei der intertextuellen Adaption also zum Verfahren, zum Mechanismus (vgl. Hutcheon 2000: 54).

Auch auf *inhaltlicher Ebene* sind Ironie und Intertextualität verbunden. Ironie als Geisteshaltung drückt sich – dies wurde bereits im Kapitel zur Begriffsdefinition bemerkt – gern durch intertextuelle Verfahren aus: „Versatzstücke des Erzählens" (Felix 1996: 401) werden ironisch adaptiert und so in ihrer Funktion als konventionell gewordene Formen, als Stereotype offen gelegt. Ein Werk mit ironischer Haltung kann folglich auf die Kontingenz kultureller Diskurse verweisen:

> Intertexte sind Konstrukte, mit denen man sich an das herantasten kann, um das es eigentlich geht: die Geschichte der Repräsentations- und Mitteilungsweisen und der mit ihnen verbundenen konzeptuellen und ideologischen Bedingungen, die sich ‚über' allen spezifischen Texten und Intertexten aufrichtet. (Wulff 1999: 257)

Ebenfalls besitzt Intertextualität eine Affinität gegenüber Ironie, denn die Koexistenz zweier Texte assoziiert oft metadiskursive Haltungen, wenn ein Gehalt im Licht des jeweils anderen gelesen wird. Oft ist es eine Differenz und eine semantische Verschiebung, die zwischen Ursprungstext und Adaption eintritt, die gerade den Reiz vieler intertextueller Adaptionen ausmacht und ironische Bedeutungen produziert.

Es existiert mehr als nur eine Form der intertextuellen Übernahme, die Theorie unterscheidet zwischen verschiedenen Verfahren. Auch nach Genette vereint Intertextualität unterschiedliche Arten textueller Beziehungen in sich, darunter die Hypertextualität, die für den ironischen Modus von besonderem Interesse ist (vgl. 1993: 14). Hypertextuelle Verbindungen bezeichnen eine Überlagerung von Text B (den Genette den Hypertext nennt) und dem Ursprungstext A (der Hypotext), wobei Hypertexte die Hypotexte nicht offen kommentieren. Der spätere Text könnte ohne seinen Ursprungstext, auf den er sich bezieht, aber nicht in gleicher Form existieren, weil er (mit Genette) „mit Hilfe einer Operation entstanden ist, die ich, wiederum provisorisch, als Transformation bezeichnen möchte, und auf den er sich auf eine mehr oder weniger offensichtliche Weise bezieht, ohne ihn unbedingt zu erwähnen oder zu zitieren" (Genette 1993: 15).

Genette unterscheidet zwischen der *direkten Transformation* und der *indirekten* (die er später in *Nachahmung* umbenennt), wobei die Letztere sich nicht auf einen einzigen Vorgänger bezieht und diesen nicht direkt imitiert, sondern aus mehreren Vorläufern ein virtuelles Modell der *Gattungskompetenz*[14] erschafft (vgl. 1993: 16). Dieses Modell bildet eine Zwischenstufe und fasst Merkmale unterschiedlicher Performanzen eines Texttyps (oder der gleichen Gattung) zusammen. In einem weiteren Schritt wird diese Gattungskompetenz dann in einem neuen Text realisiert, wobei dieses nun nicht mehr nur einen Hypotext direkt nachkonstruiert, sondern indirekt auf Ähnlichkeiten zurückgreift, die mehrere Werke vergleichbarer Art kennzeichnen. Hingegen wird bei der direkt transformierenden Hypertextualität auf ein Gattungskompetenzmodell verzichtet; die Übernahme gleicht einem unmittelbaren Herausgreifen aus einem Hypotext (vgl. Genette 1993: 43). Sowohl direkte als auch indirekte Übernahmen können sich in unterschiedlichen Registern vollziehen. Reicht sie vom Spielerischen ins Ironische, bezeichnet Genette die hypertextuelle Übernahme als Pastiche (bei einer indirekten Transformation) resp. Parodie (bei einer direkten). Ist die Transformation hingegen Satirisch gefärbt, definiert Genette sie als Travestie (direkt) oder Persiflage (indirekt).

Bei Genette verbindet sich Ironie – verstanden als ein besonderes affektives Register – also mit dem Aspekt hypertextueller Transformation gewisser Textelemente. Das Ironische siedelt er dabei auf der gleichen Abstraktionsebene an wie das Spielerische oder das Satirische (vgl. 1993: 44). Ich verstehe Ironie hier aber gemäß der eingangs gegebenen Definition als semantisches Verfahren in einem Text – nicht als affektives Register. Als polyseme Operation definiert, greift Ironie ihrerseits auf evaluative und emotionale Register zurück: das Spielerische und Satirische sind

---

[14] Die Gattungskompetenz beschreibt formale oder thematische Merkmale, die für eine Gattung als ‚typisch' angesehen werden können. Genette schreibt so zum Modus der indirekten Übernahme: „Die Nachahmung ist zweifellos auch eine Transformation, stellt aber ein komplexeres Verfahren dar, da sie – um es wiederum sehr summarisch zu sagen – zunächst die Erstellung eines Modells der (sagen wir epischen) Gattungskompetenz erfordert, das [...] aus einzelnen Performanzen entnommen, zur Erzeugung einer unbeschränkten Zahl mimetischer Performanzen fähig ist. Dieses Modell stellt somit eine Zwischenstufe, eine unerlässliche Vermittlung zwischen dem nachgeahmten und dem nachahmenden Text dar, die bei der einfachen und direkten Transformation fehlt" (1993: 16).

dann nicht mehr auf einer gleichen strukturellen Ebene anzusiedeln, sondern werden zum Teil des ironischen Spektrums.

Das spielerische Register der hypertextuellen Übernahme (Parodie und Pastiche), das nicht ironisch ist, kann theoretisch gedacht werden; in so einem Fall ist die hypertextuelle Transformation weder an eine evaluative Haltung gebunden, noch wird sie zum metadiskursiven Kommentar – sie funktioniert als ‚reine' Unterhaltung. Brian de Palmas Film BLOW OUT (USA 1981) kann so gedeutet werden. Er bildet die Idee hinter Michelangelo Antonionis BLOW UP (GB 1966) nach, überträgt dessen Thematik der analogen bildlichen Fotografie allerdings auf den auditiven Kanal des Films. Vor diesem Hintergrund erzählt der Thriller die Geschichte um Jack Terry (John Travolta): dieser glaubt, mit einem Rekorder für Filmgeräusche Zeuge eines Attentats geworden zu sein. Allerdings findet auch in diesem Beispiel eine deutliche semantische Verschiebung statt: aus dem Fotografen im London der *swinging sixties* wird der Toningenieur einer billigen B-Horrorfilm-Postproduktion (der Film beginnt mit Bildern spärlich bekleideter Cheerleaders unter der Dusche). Es bleibt Interpretationssache, ob diese Bedeutungsdifferenz bereits ins Ironische spielt oder BLOW OUT eine ‚rein' unterhaltende Adaption des Antonioni-Stoffs bildet.

Abbildung 28-29: In Mel Brooks' HIGH ANXIETY (USA 1977) werden berühmte Szenen aus den Filmen Hitchcocks zitiert – hier: PSYCHO (USA 1960) und THE BIRDS (USA 1963). Gleichzeitig funktioniert der Film durch Struktur und Spannungsaufbau als Pastiche der Hitchcock-Filme.

In ihrer praktischen Verwendung gestalten sich die Kategorien hypertextueller Übernahmen etwas durchlässiger, als sie nach Genettes Einteilung anmuten. In HIGH ANXIETY (Brooks, USA 1977) beispielsweise reihen sich Parodien aus Hitchcock-Filmen aneinander, die jeweils – in für Mel Brooks' typisch absurder Manier erzählt – spielerisch und ironisch sind. Neben diesen zahlreichen Momenten direkter Transformation funktioniert Brooks' Film gleichzeitig auch als eine indirekte

Nachbildung, also als ein spielerisches Pastiche, das in seiner Struktur und musikalischer Untermalung *à la manière de* Hitchcock inszeniert wurde.

Weil bei einer indirekten Transformation eine Gattungskompetenz, also strukturelle oder thematische Merkmale einer Gattung, imitiert werden (vgl. Genette 1993: 16), konstruiert sich nach Hutcheon (2000: xii) ein spielerisches oder ironisches Pastiche primär durch die Ähnlichkeit zwischen Hypotext und Hypertext. Die Parodie, die eine Anspielung, ein direktes Herausgreifen aus dem Ursprungstext ist, zeichnet sich dagegen durch eine unmittelbare Differenz zum neuen Kontext aus – eine semantische Verschiebung, die sich dazu eignet, Ironie zu markieren. In ihrem Buch *A Theory of Parody* beschreibt Hutcheon (2000) Ironie in diesem Sinne als integralen Bestandteil jeder Parodie:

> Parody, then, in its ironic ‚trans-contextualization' and inversion, is repetition with difference. A critical distance is implied between the backgrounded text being parodied and the new incorporating work, a distance usually signaled by irony. But irony can be as playful as well as belittling; it can be critically constructive as well as destructive. (Hutcheon 2000: 32)

Ob indirekt oder direkt – intertextuelle Adaptionen besitzen mithin per Definition eine *Doppelfunktion*, denn ihre Verwendung bedeutet sowohl Inversion als auch Neukontextualisierung. Während ironische Textübernahmen an ihrer Oberfläche also Vergangenes, Existierendes wiederholen und somit zunächst als rückwärtsgerichtet gedeutet werden können, bilden sie auf einer weiteren Ebene durch semantische Verschiebungen neue Bedeutungen heraus, durch die sie einen potentiell progressiven Charakter erlangen können (vgl. Hutcheon 2000: xii).

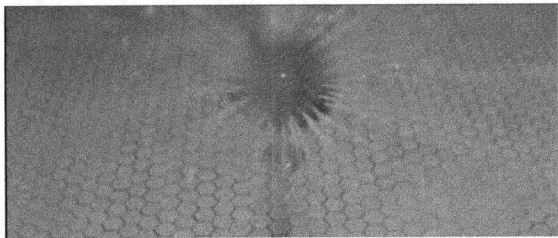

Abbildung 30: Diese Einstellung in SCREAM 2 (Craven, USA 1997) zeigt deutlich die doppelte Funktion der Parodie: zum einen funktioniert sie als Allusion auf die Duschszene in PSYCHO (Hitchcock, USA 1960), anderseits legt die selbstreflexive Verwendung die Konventionen des Horrorfilms offen.

Eine Einstellung aus SCREAM 2 (Craven, USA 1997) erweist sich als geeignet, diesen doppelten Charakter intertextueller Übernahmen zu verdeutlichen. In jenem Moment, als eine Figur (Heather Graham) des Films im Film (genannt Stab) unter die Dusche steigt, zeigt die Kamera den Duschkopf von unten. Diese Einstellung ist eine perfekte Imitation einer berühmten Aufnahme aus Hitchcocks PSYCHO (USA 1960); dort begibt sich Marion Crane (Janet Leigh) unter die Dusche, was für sie tödlich endet. In SCREAM 2 werden – unter Anspielung auf diesen filmhistorischen Hintergrund – ähnliche Erwartungen aufgebaut, zugleich aber ironisch demontiert, wenn die Figur sich im letzten Moment doch nicht dem Serienkiller ausliefert, sondern dank eines Telefons, das klingelt, das Badezimmer rechtzeitig wieder verlässt (und erst später durch das Messer des Killers umkommt). Dank der selbstreflexiven Manier von SCREAM 2 wird diese Duschszene also nicht zu einer ‚simplen' Wiederholung der Mordszene aus PSYCHO, sondern zum Bestandteil filmischer Ironie, die formelhafte und konventionelle Momente des Horrorfilms offenlegt und dekonstruiert.

In seinem Buch zum *Pastiche* versucht sich Richard Dyer (2007) an einer Differenzierung zwischen Pastiche (der bei Genette ja der spielerischen, indirekten Transformation entspricht) und dem Genrebegriff, denn beide ähneln sich stark. Sowohl Pastiche- als auch Genre-Werke zeichnen sich dadurch aus, dass sie nicht nur einzelne Vorgänger imitieren, sondern gängige Formeln ganzer Gattungsgruppen übernehmen. Ihr Unterschied liegt aber auf einer pragmatischen Ebene: ein Genre-Werk greift gängige Stereotypen möglichst *wertfrei* und nicht ironisch auf und möchte selten als Imitation konventioneller Konstrukte erkannt werden. Ein Pastiche hingegen zielt für Dyer auf die gewollte Offenlegung solcher Formeln (vgl. Dyer 2007: 35) und funktioniert mithin als metadiskursiver und ironischer Kommentar über Genres und deren konventionell gewordenen Muster. Hier ist der doppelte Charakter hypertextueller Übernahmen vorhanden: Ein Genre-Pastiche reiht sich oberflächlich noch einmal in den Kanon eines Genres ein, selbst wenn er im selben Moment ein Metakommentar zur Formelhaftigkeit des Genres ist. So funktioniert ONCE UPON A TIME IN THE WEST (Leone, USA/IT 1968) unmittelbar rezipiert entlang der Western-Regeln, schreibt sich also in den Kanon des Genres ein, während er auf einer weiteren Ebene die Stereotype seiner Vorgänger stilisiert und reflektiert wiedergibt (vgl. Schweinitz 2006: 232).

3.2 Mitgeteiltes und Gemeintes

Ironie konstruiert sich durch eine semantische Verschiebung zwischen Mitgeteiltem und Gemeintem. Dazu, wie sich Mitgeteiltes vom Gemeinten genau differenzieren soll, liefert die Theorie allerdings keine eindeutigen Hinweise – diese Beziehung scheint in den verschiedenen Spielformen der Ironie unterschiedlich ausgeprägt zu sein.

Beim Dekodieren von Ironie, so beschreibt Booth, werde zunächst die oberflächliche Bedeutung abgelehnt, worauf ein alternativer, ironischer Sinngehalt angenommen wird (vgl. 1974: 10). Dies bedeutet, dass Mitgeteiltes und Gemeintes nach dieser Auffassung in einer subtraktiven Beziehung zueinander stehen. Obwohl Hutcheon diese *differentielle* Qualität der Ironie anerkennt – auch in ihrer Theorie müssen sich die Sinngehalte deutlich voneinander unterscheiden, damit Ironie entsteht (vgl. 2005a: 64) – steht sie ihr zusätzlich eine *inkludierende*, einschließende Qualität zu (vgl. 2005a: 55). Für Hutcheon bedeutet Ironie nicht, dass ein Sinngehalt gegen den anderen ausgewechselt und die Bedeutung schlicht ‚desambiguisiert' wird. Vielmehr bleiben beide Bedeutungen gültig und die eigentliche Ironie entsteht in ihrer Koexistenz bzw. in der Interaktion – in der Reibung – dieser Koexistenzen: „It happens in between (and including) the said and the unsaid; it needs both to happen. [...] the said and the unsaid coexist for the interpreter, and each has meaning in relation to the other because they literally ‚interact'" (Hutcheon 2005a: 12). Auch Wulff schreibt, dass ein uneigentlicher Sinngehalt durch das ironische Lesen nicht schlichtweg ‚vereigentlicht' oder ‚aufgelöst' werden kann: „Ironie-Verstehen ist keine Desambiguisierung" (1999: 265). Das Verhältnis zwischen Bedeutetem und Gemeintem, bei dem beide *gemeinsam* die ironische Bedeutung kreieren, ist besonders wichtig im Fall der doppelkodierten Ironie.[15]

Die Beziehung zwischen dem Mitgeteilten und Gemeinten kann selbst innerhalb eines Werks unterschiedlich ausgestaltet sein. Das wird an einem Beispiel aus Mel Brooks' SPACEBALLS (USA 1987) deutlich – ein Film, der die originale STAR-WARS-Filmreihe (Lucas, USA 1977-1983) aufs Korn nimmt. Die persiflierende

---

[15] Beispiele aus Filmen, die der postmodernen Kunstströmung zugerechnet und in dieser Arbeit noch angeführt werden, demonstrieren diese doppelte Gültigkeit der Sinngehalte. Getreu der postmodernen Vorstellung der verlorenen Einheit existiert hier nicht mehr nur *eine* gültige oder ‚wahre' Bedeutung (vgl. Hutcheon 2005a: 61) – der Zuschauer kann vielmehr zwischen ‚geradliniger' und ironischer Rezeptionshaltung oszillieren.

Haltung gegenüber den Vorgängern ist deutlich erkennbar: die ohnehin schon auffälligen Kostüme des Science-Fiction-Genres werden mit einer noch strahlend glänzenderen Ausstattung parodiert, als Kommentar auf die riesige *Franchise*-Vermarktung der STAR-WARS-Trilogie statten sich die Figuren in SPACEBALLS gleich selbst mit eigenem Fanzubehör aus und um die Lässigkeit der beiden Protagonisten zu betonen, fliegen diese nicht in einem Raumschiff durch die Galaxie, sondern in einem umgebauten Wohnmobil.

Abbildung 31-33: SPACEBALLS (Brooks, USA 1987) persifliert Konventionen des Science-Fiction-Genres und besonders die STAR-WARS-Trilogie (Lucas, USA 1977-1983): die Kostüme der Raumschiffbesatzung wirken etwas zu fetischisiert, die Figuren versorgen sich mit ihrem eigenen Fanzubehör und die überspitzt lässigen Helden fliegen im schrottreifen Wohnmobil durchs Weltall.

Über diese filmischen Anspielungen hinaus entfaltet sich nebenbei auch eine Haltung, die sich als kritisch interpretieren lässt aber nicht mehr nur gegen die filmischen Vorgänger gerichtet ist. So funktioniert etwa die Princess-Leia-Parodie (Daphne Zuniga) in SPACEBALLS gleichzeitig als Verkörperung des jüdisch-ethnischen Stereotyps der ‚Jewish princess' und Lord Dark Helmet (Rick Moranis) ist deutlich der Figur Darth Vader (David Prowse) aus STAR WARS nachempfunden: hier trägt er aber einen überdimensionierten Helm, um seine geringe Körpergröße und weitere Defizite zu kompensieren. Bei diesen in ihrer Überspitzung demaskierten stereotypen Genderrollen – die Kritik zielt hier nicht mehr nur auf Genrekonventionen ab – funktionieren die Allusionen auf die Science-Fiction-Vorgänger als Vehikel: der Kontrast zwischen oberflächlicher Story und den weiteren Sinngehalten schafft hier Raum, um ironische Bedeutungen zu entfalten.

SPACEBALLS weist auf einer dritten Ebene weiter einen ironischen Umgang mit der eigenen Medialität auf. Hier wird in spielerischer Manier auf den eigenen Status als Film angespielt. Bereits das absurde Vorhandensein der SPACEBALLS-Franchise-Artikel innerhalb des Films selbst durchbricht Immersion und Illusion, und einige Szenen übersteigern dieses selbstreferentielle Prinzip noch in einer metaleptischen Konstruktion. Als beispielsweise der Plan einer Verfolgung scheitert, zieht die Besatzung des Raumschiffs *Spaceball One* ihr Ass aus dem Ärmel: aus einem Regal mit Mel Brooks' Filmen suchen sie den eignen – SPACEBALLS – auf VHS heraus und spulen den Anfang des Films auf der Kassette durch, den das Publikum eben erst in normaler Laufzeit gesehen hat. In der filmischen Gegenwart angekommen, sind sie es selbst, die sich auf dem Bildschirm beobachten können – und der verdutzte Blick durch die vierte Wand hin zum Zuschauer wird selbstreflexiv zum Blick durch die Mattscheibe in den filmischen Raum.

Abbildung 34-37: SPACEBALLS inszeniert einen Illusionsbruch, der seinesgleichen sucht: die Besatzung unter Lord Dark Helmet (Rick Moranis) zieht die VHS-Kassette des eigenen Films aus einem Regal, legt sie ein und beobachtet sich selbst auf dem Bildschirm. Der direkte Blick in die Kamera ergänzt das selbstreflexive Prinzip zu einer Mise-en-Abyme-Konstruktion (Höltgen 2012).

Dieses Beispiel soll aufzeigen, dass Mitgeteiltes und Gemeintes auf unterschiedlichen Ebenen ironische Sinngehalte assoziieren. In SPACEBALLS funktionieren intertextuelle Übernahmen als Kommentar auf filmische Vorgänger, während auf einer weiteren semantischen Ebene Aussagen zu kulturellem und gesellschaftlichen Kontext vermutet werden können. Durch filmische Kunstgriffe wie Metalepse oder Mise-en-Abyme wird wiederum spielerisch auf den eigenen Status als mediales Konstrukt verwiesen.

3.3 Gemeintes und Werthintergrund

Im 18. Jahrhundert wurde mit der romantischen Ironie das Aufbrechen der künstlerischen Illusion und der Einheit in der Literatur erwirkt. Zwei Jahrhunderte später deutet die Kontingenzphilosophie Ironie als Ausdruck des Misstrauens gegenüber jeglicher Wissensgewissheit. Beide Auffassungen schreiben Ironie also Funktionalität zu, sie sehen sie als die Verdeutlichung einer Geisteshaltung. Damit ist ihr Wirkungsbereich allerdings noch nicht vollständig erfasst. Dieses Kapitel widmet sich der Beschreibung solcher Funktionen, die – so wird sich zeigen – auf verschiedene moralische Implikationen oder Werthaltungen rückführbar ist.

Dem Ausdruck der Kontingenzvermutung steht am anderen Ende eines pragmatischen Ironie-Spektrums eine Form des doppelten Bedeutens gegenüber, die satirisch oder kritisch gefärbt ist (vgl. Hutcheon 2005a: 44). Solche Ironie zielt auf einen vermeintlichen Missstand ab, impliziert eine korrektive Haltung und kann daher kaum auf einer generellen Ambivalenz gegenüber Wissen und Wahrheit fußen. Vielmehr werden Aussagen von einem oppositionellen Standpunkt unterwandert und dekonstruiert. Zwischen diesen Polen – Kontingenzvermutung auf der einen, korrektive Kritik auf der anderen Seite – sind Zwischenformen zu denken: Etwa ironische Aussagen, die nicht mehr jede Möglichkeit von Wissen verneinen, aber zumindest die Wissenshoheit von Autoritäten hinterfragen, ohne zu aggressiv auf den Diskurs einwirken zu wollen. Oder Spielformen, die undogmatisch und spielerisch suggerieren, dass nicht alles so ist, wie es erscheinen mag.

Zwei Filmbeispiele sollen das eröffnete Spektrum noch einmal verdeutlichen. Robert Altmans M*A*S*H (USA 1969) erzählt vom Chirurgen ‚Hawkeye' (Donald Sutherland), der im Koreakrieg mit kuriosen Ereignissen und egozentrischen Figuren konfrontiert ist. Auf einer zweiten Bedeutungsebene funktionieren die bizarren Situationen, die dabei entstehen, als satirischer Kommentar über die Unsinnigkeit des Krieges an sich (und mit metaphorischem Gestus auch über den gerade stattfindenden Vietnamkrieg). Ohne die realen Absichten des Filmemachers zu kennen, suggeriert die Komödie eine deutliche Anti-Kriegs-Haltung. Auch die einflussreiche Filmkritikerin Pauline Kael liest den Film in ihrer lobenden Rezension in diese Richtung: „The laughter is at the horrors and absurdities of war, and, specifically, at the people who flourish in military bureaucracy" (1994: 347-348). Ambivalenter in Einstellung und Aussage erscheint dagegen FARGO (Coen, USA 1996). Auch in diesem Film entstehen denkbar absurde Konstellationen: etwa wenn der Kidnapper

Carl Showalter (Steve Buscemi) sich über den gestörten Fernsehempfang seiner geliebten TV-Soap-Opera echauffiert, während eine von ihm entführte und brutal geknebelte Geisel hinter ihm sitzt. Der ironische Unterton des gesamten Films, der in dieser Szene durch den Gegensatz von Carls alltäglichem Empfangsproblem und seiner sadistisch kriminellen Handlungen evoziert wird, kann nicht mehr sinnvoll einer bestimmten Haltung oder Wertvorstellung zugeteilt werden. Am Ende des Films stirbt die unschuldige Geisel, genau wie deren Kidnapper Carl, dessen Leiche von seinem Komplizen in einer Szene grotesk mit Hilfe eines Laubhäckslers zerstückelt wird. FARGO bietet keinen Identifikationspunkt, von dem aus der Wahnsinn überblickt werden kann, wie es M*A*S*H zumindest im Ansatz noch getan hat. Der Film bietet auch keine moralische Standpunkte mehr, sondern wird zum Ausdruck eines „overarching belief in the fundamentally random and yet strangely meaningful structure of reality (even if that ‚meaning' is total absurdity)" (Sconce 2002: 363). Die Betonung von *randomness* und eine ironische Haltung, die nicht eindeutig aufklärbar ist, ersetzen hier die satirisch-kritische Einstellung des Vorgängers.

3.3.1 Satire und Satirisches

„Irony is used in some satire, not in all; some irony is satiric, much is not" (Booth 1974: 29). Das letzte Unterkapitel und dieses Zitat zeigen, dass Ironie und Satire nicht als synonyme Begriffe gebraucht werden können. Im Gegensatz zur Satire bezeichnet Ironie nie eine Gattung oder ein Genre (vgl. Booth 1974: x). Ironie manifestiert sich *im* Text, sie ist ein komplexes Verfahren des kommunikativen Ausdrucks. Während Satire also einem Gattungstyp von Texten bezeichnet, kann sich Ironie in unterschiedlichsten Textsorten und Filmgenres niederschlagen. Die Gattung ‚Satire' kann wiederum auf Ironie zurückgreifen und sie in ihrer Funktion als doppelte Bedeutung einsetzen (vgl. Booth 1974: x). Gemeinsam ist beiden, dass Satire wie Ironie eine evaluative Haltung aufweisen. Das heißt, ein Satire-Werk spricht *über* etwas – ahmt etwas in besonderer Weise nach – wobei es gleichzeitig dazu eine kritische Haltung einnimmt.

Richard Dyer stellt fest, dass die Satire strukturell der Parodie nahe steht (vgl. 2007: 41): beide fußen auf einem hypertextuellen Verfahren und können als eine Gattung oder ein Genre bezeichnet werden. Im Kontrast zur Parodie wählt ein satirisches Werk aber stets einen sozialen oder politischen Gegenstand, währenddessen die Parodie – „imitating art more than life" (Hutcheon 2000: 43) – sich für gewöhnlich ironisch kommentierend auf die Ausdrucksformen der Kunst bezieht. Eine scharfe Abtrennung beider Gattungen lässt sich wiederum nur theoretisch vollziehen, denn im konkreten Werk mögen beide konstitutiven Aspekte einander überlagern. So können sowohl Parodien satirisch sein, wie auch satirische Filme auf die Ironisierung von Stilmitteln zurückgreifen (vgl. Hutcheon 2000: 44).

Goeff King (2002) siedelt die Satire indessen im Umfeld der Komödie an. Er schreibt:

> Satire is comedy with an edge and a target, usually social or political in some way. It can be relatively light and playful, or in deadly earnest; in some cases it can land its producers in jail, exile, or even worse. Satire is sometimes used as a way of voicing criticism of oppressive or totalitarian regimes [...]. (King 2002: 93)

Die beiden Formen sind aber nicht deckungsgleich. Im Gegensatz zu ‚typischen' Komödien rufen satirische Werke kein gemütvolles und befreiendes Lachen hervor. Die Satire fördert „die Einsicht des Publikums in die Fehler oder Lächerlichkeiten des Systems; damit ist ihr etwas Thesenhaft-Didaktisches eingeschrieben" (Brunner/Meyer 2012). Als Beispiele hierzu nennen Brunner und Meyer, die diese Annahme formulierten, Charlie Chaplins MODERN TIMES (USA 1936) oder Robert Altmans – bereits erwähnten – Film M*A*S*H (USA 1969), die jeweils satirisch die Industrialisierung respektive den Krieg behandeln.

An ihrer Oberfläche ähnelt die Satire also der Komödie, doch auf einer zweiten, indirekten Bedeutungsebene äußert Satire immer auch eine Kritik, die auf eine korrektive Wirkung ausgerichtet zu sein scheint: „[satire] ridicules the vices and follies of mankind, with an eye to their correction" (Hutcheon 2000: 43). Diese kritische korrektive Haltung ist es auch, die das *Satirische* charakterisiert.

Im Alltagsgebrauch entstehen Begriffsverwirrungen besonders bezüglich der ‚Satire' oder des ‚Satirischen'; die Konzepte bezeichnen sowohl eine Gattung oder ein Genre (*die Satire*) als auch ein evaluatives Register (*satirisch*). Bedient sich Ironie dem Satirischen, dann aufgrund einer kritischen, evaluativen Haltung (vgl. Hutcheon 2005a: 52). Die satirische Ironie ist dann keine eigene Text-Kategorie mehr, sondern bezeichnet ein kritisches und bissiges Register des doppelten Bedeutens. Brunner und Meyer bringen es auf den Punkt: satirische Ironie ist „eine boshafte oder boshaft-kritische und humorige Verspottung von Missständen, Unsitten, Anschauungen, Ereignissen, Personen, [oder von] künstlerischen Werken" (2012). An das satirische Register knüpft sich also eine Form der Ironie, die auf moralischen

Implikationen basiert. Und weil sie mit mehr oder minder festen (Wert-)Vorstellungen agiert, wirkt sie korrektiv auf einen Diskurs ein.

3.3.2 Revisionist Mythmaking

Ironie kann zur *Ausdrucksform eines Gegendiskurses* werden. Das doppelte Bedeuten und die evaluative Haltung von Ironie prädestinieren sie als geeignetes Vehikel für oppositionelle Meinungen (vgl. Chambers 1990: 18); dank ihrer strukturellen Ambiguität ist Ironie das Werkzeug der Wahl, um sich oberflächlich in einen dominanten Diskurs einzuschreiben und diesen gleichzeitig zu demontieren und zu unterwandern. Ist die Ironie nicht zu offensichtlich ausgestaltet – wird der Schein an der Oberfläche nicht zerstört – mag sie gar einer allfälligen Zensur entgehen.

So verwundert es nicht, dass Ironie ein beliebtes Mittel ist für politisch subversive *counterdiscourses* (vgl. Terdiman 1985, zit. nach Hutcheon 2005a: 30): Ethnische, nicht heterosexuell orientierte, politische oder sozio-ökonomische Minderheiten produzieren Gegenstimmen, die durch den Einsatz von Ironie den dominanten Diskurs umkodieren (vgl. Hutcheon 2005a: 30). Ziel dabei ist, eine korrektive Wirkung zu erreichen – oder den Gegenstand und den dominanten Diskurs zumindest zu verspotten: „it is a self-critical, self-knowing, self-reflexive mode [...] that has the potential to offer a challenge to the hierarchy of the very ‚sites' of discourse, a hierarchy based in social relations of dominance" (Hutcheon 2005a: 30). Als *counterdiscourse* eignet sich die ironische Äußerung die ‚gängige' Sprache – oder filmischen Darstellungsformen – des Establishment oberflächlich an, um diese durch Doppeldeutigkeit sogleich zu destruieren und zu destabilisieren.

Als Beispiel dafür, wie solch ein *counterdiscourse* geführt werden kann, beschreibt Claudia Mitchell-Kernan (1990) den Prozess des *signifying*. Hier greifen Künstler der afroamerikanischen Minderheit in den USA wiederholt kulturelle Versatzstücke des dominanten, ‚weißen' Diskurses auf und ändern diese ironisch ab. Auch Hutcheon erwähnt dieses Beispiel: „This idea of an irony that functions to repeat and yet to revise the white discourse" (2005a: 31). Analog dazu wird im Umfeld des Feminismus vom *revisionist mythmaking* gesprochen. Ziel ist hier, den patriarchalischen Diskurs zu unterwandern, etwa indem traditionell männliche Hauptrollen durch weibliche Darsteller oder abgewandelte Figurentypen be- bzw. ersetzt werden, oder wenn bekannte Geschichten aus der Sicht von Frauen erzählt werden. Klare Botschaft hinter der indirekten, ironischen Kommunikationsform ist der

Wunsch nach einer Revision der klassischen Geschlechterrollen, eine Hinterfragung der Werte und Konventionen der patriarchalischen Gesellschaft und deren Neubewertung (vgl. Ostriker 1986: 11, zit. nach Hutcheon 2005a: 32).

Ein filmisches Beispiel dieser *revisionist-mythmaking*-Haltung liefert die entsprechende Aneignung des Filmklassikers THE WIZARD OF OZ (Fleming, USA 1939). Das Original erzählt die berühmte Geschichte um Dorothy (Judy Garland), die durch einen Wirbelsturm aus ihrer Heimat Kansas in das Land des Zauberers Oz befördert wird. Figuren und Handlungsstruktur dieser Fabel sind dank zahlreichen Wiederholungen im amerikanischen Fernsehen tief in das Mythenrepertoire und Filmgedächtnis der Bevölkerung eingegangen (vgl. Hoberman / Rosenbaum 1983: 30). THE WIZ (Lumet, USA 1978) – eine Revision aus den 1970er Jahren – versetzt nun diese altbekannte Handlung aus dem ländlichen Kansas ins afroamerikanische Arbeiter-Milieu des New Yorker Harlem. Dieses Mal spielt die afroamerikanische Sängerin Diana Ross die Hauptfigur Dorothy. In Nebenrollen sind Richard Pryor, Michael Jackson und Lena Horne zu finden, der Film ist also durchwegs mit nichtweißen Darstellern besetzt. In der revisionistischen Version führt nun die gelb gepflasterte Straße Dorothy und ihre Weggefährten nicht mehr durch Wald und Wiese, sondern in die U-Bahn-Station eines erträumten New Yorks. Die Vogelscheuche ist hier nicht mehr aus Stroh, sondern aus städtischem Müll zusammengebaut, der Blechmann ist eine mechanisierte Jahrmarkts-Attraktion und die fliegenden Affen des Originals werden in der Version von 1978 zur geflügelten Motorrad-Gang.

Abbildung 38-39: THE WIZ (Lumet, USA 1978) kann als in der Tradition des *revisionist mythmaking* stehender Film betrachtet werden, denn er transponiert die berühmte Geschichte des THE WIZARD OF OZ (Fleming, USA 1939) nach Harlem in New York und besetzt folgerichtig die Hauptfiguren mit afroamerikanischen Darstellern wie Diana Ross und Michael Jackson.

Ob THE WIZ die subversiven Qualitäten eines *revisionist mythmaking* besitzt – die Neuerzählung also als ironischer Verweis auf die Dominanz weiß dominierter Kulturproduktionen im kollektiven Mythen-Gedächtnis zu lesen ist – bleibt unter Kritikern umstritten. Er könnte stattdessen auch als eine Variante des ‚Blaxploitation'-Phänomens rezipiert werden, das, um die Kinokassen ein weiteres Mal zu füllen, gängige Filmformeln mit ethnischer Neubesetzung auch für ein afroamerikanisches Publikum (und für ein weißes Publikum mit Faszination für afroamerikanische Kultur) attraktiv macht.[16]

3.3.3 Kritik am Mythos

Genau wie das Konzept des *revisionist mythmaking* beschäftigt sich auch Roland Barthes in seiner berühmten Abhandlung zu den *Mythen des Alltags* (1964) mit Phänomenen der Massenkultur. Der Mythos, eine festverankerte Bedeutungseinheit in der Alltagskultur, konstruiere sich laut Barthes zunächst durch eine primäre Bedeutung, die ein Bild oder eine Rede durch die Verbindung von Signifikat und Signifikant in einen Sinn übersetzt. Das dabei entstehende semiologische Zeichen werde – im Zuge einer sekundären Segmantisierung – durch einen weiteren Signifikanten angereichert, mit neuen Semantiken versehen. Im Mythos verwachsen naheliegende Sinngehalte mit weiteren Bedeutungskonnotationen, „es entsteht eine ‚falsche Offensichtlichkeit' seiner Bedeutung" (Düring 2012: 83). Die mythologische Botschaft wird zur *Meta*aussage, „eine zweite Sprache [...], in der man von der ersten spricht" (Barthes 1964: 259). Als mögliches Beispiel für ein solches Zeichen, das zum Mythos wird, nennt Barthes die Darstellung von Römern im Film. Diese seien stets – ohne dem historischen Vorbild zu entsprechen – mit Haarfransen auf der Stirn dargestellt. Die Fransen werden dabei zum Zeichen für den Mythos des alten Roms: „Die Haarsträhne auf der Stirn liefert die überströmende, von niemandem zu bezweifelnde Evidenz, dass wir uns im alten Rom befinden" (1964: 33). Und dank den mythisch gewordenen Zeichen wird die Adäquatheit der Darstellung kaum hinterfragt:

> Die Schauspieler sprechen, handeln, quälen sich und erörtern „universelle" Fragen, ohne etwas von ihrer historischen Wahrscheinlichkeit zu verlieren, dank dieser kleinen, über

---

[16] ‚Blaxploitation' ist ein Kofferwort aus *black* und *exploitation* und bezeichnet ein Genre, dessen Filme mit afroamerikanischen Darstellern realisiert werden und für ein vorwiegend afroamerikanisches Publikum bestimmt sind (vgl. Grundmann / Bender 2012). Die Blütezeit dieses Genres war zu Beginn der 1970er Jahren in den USA. Die ersten dieser afroamerikanischen Independent-Produktionen begannen als ein bewusst politischer Beitrag, doch die späteren Filme dieses Genres entstanden – aufgrund der Erfolge der ersten Werke – bald nur noch aus rein kommerziellen Gründen.

> die Stirn drapierten Strähne; ihre Universalität kann sich sogar unbesorgt ausdehnen, den Ozean überqueren und die Jahrhunderte durchlaufen bis zu den Yankeegesichtern der Hollywood-Komparsen, darauf kommt es nicht an; denn jeder kann sich ruhig und bequem in der stillen Gewissheit einer Welt ohne Uneindeutigkeit einrichten, in der die Römer römisch sind vermöge eines ganz einfach lesbaren Zeichens: der Haare auf der Stirn. (Barthes 1964: 33)

In dieses semiologische System übersetzt, gleicht die Struktur des Mythos der Ironie – die mythische Bedeutung findet sich auf einer gleichen semantischen Ebene wie die ironische. Auch bei der Ironie steht an der Oberfläche zunächst eine unmittelbare Äußerung, die durch eine Bedeutung eine sekundäre Segmantisierung erfährt. Die zweite Ebene funktioniert in beiden Fällen als Metaaussage, als Kommentar über die erste Bedeutungsebene (vgl. Barthes 1964: 259). Die Metaaussagen, die vom Mythos resp. vom Ironischen gemacht werden, sind in ihrer Qualität aber kaum deckungsgleich. Bei ironischen Äußerungen wird das oberflächlich Kommunizierte unterwandert und destabilisiert – es existiert eine Ambiguität, die beim Mythos kaum vorliegt. Im Gegenteil – in Barthes' Beispiel von vorhin, bei den Römern mit den Haarfransen auf der Stirn, schafft der Mythos gar eine „Welt ohne Uneindeutigkeit" (1964: 33). Oder wie Düring schreibt: „Die scheinbar reine, denotative Bedeutung dient hierbei dem ‚parasitären' Mythos als Alibi, es entsteht eine ‚falsche Offensichtlichkeit' seiner Bedeutung" (2012: 83). Die Zuordnung der filmischen Darstellung zum historischen Rom wird eindeutiger, weil die Zeichen zweifellos auf den Mythos verweisen. Der mythische Signifikant, das Zeichen erster Ordnung, verliert durch den Mythos allerdings an Bedeutung und Geschichte: „Indem er Form wird, verliert der Sinn seinen Zusammenhang; er leert sich, verarmt, die Geschichte verflüchtigt sich" (Barthes 1964: 262). In ihrer Funktion scheinen Ironie und Mythos also sogar im auffallenden Gegensatz zueinander zu stehen: Der abstrahierenden und vereinfachenden Wirkung des Mythos' stehen die gegenläufigen Bedeutungsschichten der Ironie gegenüber.

Barthes' Mythen beschreiben Manifestationen der Massenkultur, die als gängige kulturelle Formeln oder Stereotypen wiederkehren; und die auch in ironischen Darstellungen gern zum Gegenstand werden. Durch deren ‚Aufklärung' (also ihrer Beschreibung und eingehenden Analyse) versucht Barthes, die konventionellen Muster der Alltagskultur offenzulegen und schafft Grundlagen, um Zeichensysteme neu zu verhandeln. Solch eine Demontage mythischer Formeln findet aber nicht nur auf Seiten der Kritiker statt. Auch im Film kann dies zum ästhetischen Prinzip werden. Schweinitz schreibt: „Beide Gruppen, Filmemacher und Theoretiker, haben daher immer wieder nach Wegen gesucht, sich vom Stereotyp zu befreien, zu emanzipieren oder zumindest, ihm gegenüber Souveränität zu erlangen" (2006: 110). Während die KritikerInnen von einst sich noch als Gegenpol begriffen zu den Standardisierungsprozessen in medialer Darstellung, so kann die Kinematographie aber kaum eine solche externe Position einnehmen (vgl. Schweinitz 2006: 110), nur schwer können Werke, die auf ein möglichst zahlreiches Publikum hoffen, vollkommen aus der Sphäre des Populären heraustreten (vgl. Schweinitz 2006: 114), ein Umstand, der auch der Kostenintensivität und Abhängigkeit von Einnahmen meister filmischer Produktionen geschuldet ist. Haben Filmemacherinnen aber den Anspruch, Mythen und Stereotypen in ihren Inszenierungen zu denunzieren oder aufzudecken, müssen sie also oft einen alternativen Umgang mit den standardisierten Formeln finden.

Abbildung 40-41: Noch verweisen die Zeichen in BUTCH CASSIDY AND THE SUNDANCE KID (Hill, USA 1969) auf den Mythos des Westerns: Saloons, Cowboy-Hüte, Revolver und *Mexican-stand-off*-Konstellationen rufen stereotype Versatzstücke des Genres in Erinnerung.

Dass Ironie – die dem Mythos ja strukturell aber nicht funktionell ähnlich ist – zum geeigneten Mittel der filmischen Demystifizierung werden kann, soll BUTCH CASSIDY AND THE SUNDANCE KID (Hill, USA 1969) exemplarisch aufzeigen. Nach einem selbstreferentiellen Vorspann, in dem Butch Cassidy (Paul Newman) und Sundance Kid (Robert Redford) als Helden des Westerns mystifiziert und gefeiert werden (der Vorspann ist so inszeniert, als würde ein alter Projektor ein Stummfilmbild an die Wand werfen, das die zur Legende gewordenen Streiche der *Hole-in-the-Wall*-Gang präsentiert), setzt der Film mit einem Kartenspiel in einem Saloon ein, der nicht nur für Fans des Genres als gängiges Western-Milieu erkennbar ist. Der Beginn der Filmerzählung wiederholt Bekanntes: Sundance Kid spielt etwas *zu* gut Poker, die Stimmung heizt sich auf. Drohungen werden ausgesprochen, die Hände des Spielgegners greifen zum Revolver und die Gruppe formiert sich zu einem – im Genre bereits zum Ritual gewordenen – *Mexican stand-off*. Dann erst erfährt der Provokateur, wem er gegenübersteht: Sundance Kid, eine lebende Legende. Sein Gesicht zeigt plötzlich Furcht, denn wenn die Geschichten wahr sind, wird er schneller tot sein, als er seinen Revolver ziehen kann. Gängige Genremuster lassen das Publikum nun eine Schießerei erwarten.

Die Story entwickelt sich anders, die Erwartungen an den Mythos werden unterwandert: Die Western-‚Helden' zwingen ihren Gegner in einem sinnwidrigen Gespräch, sie auf ein weiteres Spiel, einen weiteren Drink einzuladen („What do you think about inviting us to stick around?" – „You don't have to mean it or anything"). Als ihr Poker-Gegner dem Rat widerwillig folgt, verlassen die beiden Outlaws seine Bar – ohne Schusswechsel. Wer mit der Mystifizierung von Revolverhelden vertraut ist, wird diese Szenenauflösung kaum erwartet haben: Anstelle der gewohnten Rituale treten absurde Situationen, die vermuten lassen, dass Cassidy und Sundance Kid – nicht ihrem Ruf folgend – lieber das Feld räumen, bevor Blut zu fließen droht. Später im Film tritt Cassidy einem Duell-Gegner nach einem Ablenkmanöver in den Unterleib, statt dem Ritual ehrenhaft Folge zu leisten. So entsprechen die Hauptfiguren den gesamten Film hindurch kaum dem Bild des klassischen Westernhelden: „Das sind keine Profis, denen wir zusehen, sondern Amateure, Anfänger, Clowns. [...] Aber das ist nur ein Teil der Klischeeverkehrungen. Die Helden dieses Films sind totale Egoisten, kindische, unvernünftige, letztlich sogar faule und feige Pragmatiker, die nichts können außer rauben und herumhängen" (Pavlovic 2003: 302-303). Die ironische Unterwanderung des Film-Mythos ‚Western' wird in Butch Cassidy nicht nur durch die Figurenzeichnung der Protagonisten erwirkt. Wenn ein Handlungsreisender das Fahrrad als das ‚Pferd der Zukunft' anpreist und Cassidy eine Bank inspiziert, die ihre Sicherheitsvorkehrungen bereits so aufgestockt hat, dass ein erfolgreicher Raubzug unmöglich erscheint, wird der Revolverheld, der umtriebige Outlaw und der gesamte Film-Western-Mythos im Angesicht anbrechender Moderne im Film zum Auslaufmodell erklärt.

Die Ironie, die sich aus der Verkehrung von Klischees ergibt, funktioniert in BUTCH CASSIDY AND THE SUNDANCE KID als Methode der Demystifizierung – die Mythen des Western werden in ihrer Zeichenhaftigkeit ausgestellt. Gewohnte Rituale werden als Ausgangssituationen zwar in Erinnerung gerufen, dann aber ins Gegenteil verkehrt. Dank einer radikalen Brechung und Neuformulierung bekannter Muster kann der Film als Kritik am Genre-Mythos – als Anti-Western – gelesen werden.

3.3.4 Postmoderne Ironie

Auch im postmodernen Zeitalter kann das Mythenrepertoire der Populärkultur, so suggerieren ihre Werke, nicht mehr unreflektiert wiedergegeben werden, zu sehr ist die Schemenhaftigkeit ihrer Konstruktionen durch die schiere Menge des medialen Angebots spürbar geworden. Doch im Gegensatz zu den modernistischen Emanzipationsversuchen Barthes' ist im postmodernen Zeitalter „jeder Versuch, eine autonome Außenposition einzunehmen, fragwürdig geworden" (Schweinitz 2006: 111) – weil die Möglichkeit einer externen und überlegenen Position, von der die Kritiker bis in die 1960er Jahre hinein noch ausgegangen sind, nun zu Zeiten des Kontingenzgedankens gänzlich unmöglich erscheint. Zugleich dominiert im Medienzeitalter eine Flut kultureller Produkte unsere Wahrnehmung. Eder beschreibt die Ausgangslage der Postmoderne:

> Die Erfahrungen des Publikums mit audiovisuellen Erzählungen stieg mit dem Programmangebot, daraus ergab sich mit der Zeit bei breiteren Zuschauergruppen eine Übersättigung mit alten Geschichten und Erzählmustern und der Wunsch nach etwas Neuem. Gleichzeitig hatte sich der Innovationsgedanke der Avantgarde erschöpft. Unter diesen Voraussetzungen scheint die steigende Tendenz zum intertextuellen Spiel mit Versatzstücken konventioneller Kunst nachvollziehbar. (Eder 2002: 35)

Die Wechselwirkung zwischen Postmodernismus und ‚erschöpftem' Innovationsgedanken fasst Umberto Eco (1988) ähnlich: für ihn wird dabei die strukturelle Doppeldeutigkeit der Ironie zum zentralen Mechanismus postmoderner Hypertextualität. Ironie ermöglicht es, Vergangenes zu wiederholen – nochmals gültig zu machen –, während sie zugleich dessen Status als kontingentes Konstrukt offenlegt. Gängige Formeln werden repetiert, „mit Ironie, ohne Unschuld" (vgl. Eco 1988: 76). Ironie dient nun also zur Vermeidung ‚falscher Unschuld' in einem Zeitalter, in dem Innovationsmöglichkeiten weitgehend aufgebraucht zu sein scheinen. Anders als der Postmoderne-Kritiker Fredric Jameson[17] gesteht Eco der Verwendung

---

[17] Jameson (1993) äussert sich in seinem Buch zur Postmoderne durchwegs kritisch gegenüber den postmodernen Erscheinungsformen und Geisteshaltungen und bekleidet somit eine Gegenposition zu Hassan (1988), Eco (1988) oder Hutcheon (2005b), die den postmodernen Erzeugnissen gegenüber positiver gestimmt sind. Für Jameson äussert sich die postmoderne Ambivalenz in einer neuen Eintönigkeit und Oberflächlichkeit: „The first and most evident is the emergence of a new kind of flatness or depthlessness, a new kind of superficiality in the most literal sense, perhaps the supreme formal feature of all the postmodernism" (1993: 9). Für ihn wohnt der postmodernen Inszenierung keine Kritik und keine Form der Emanzipation mehr inne.

kultureller Versatzstücke – nach deren ‚Veredelung' durch Ironisierung – also eine revisionistische Qualität zu. Und auch für Eder gehören „Anti-Konventionalität und dekonstruktive Erzählverfahren" (2002: 11) zu den zentralen Merkmalen postmoderner Filme.

Anti-Konventionalität ist keine Entdeckung postmoderner Filmemacher, sie war bereits ein Charakteristikum modernistischer Erzählung (vgl. Eder 2002: 23). Allerdings setzte die Moderne nicht auf doppelkodierte Ironie, ihre Ausdrucksweise war radikaler: eine möglichst umfassende Verweigerung oder Destruktion aller standardisierter Momente (vgl. Schweinitz 2006: 110). Postmoderne Ironie hingegen dekonstruiert und reanimiert zugleich, sie signalisiert wohlwollend die Kontinuität filmischer Inszenierungen und demaskiert sie im gleichen Moment als solche (vgl. Hutcheon 1997: 36). Dem postmodernen Prinzip der lustvollen Offenlegung filmischer Stereotypen gesteht auch Schweinitz einen demontierenden Charakter zu: „Denn durch die Hintertür kommt stets – mehr oder weniger unausgesprochen – das Moment der Differenz, der partiellen Emanzipation vom Stereotyp wieder herein" (2006: 120). Ironie funktioniert auch in der Postmoderne als ein polysemes Konstrukt – sie kann aber nicht mehr einfach ‚desambiguisiert' werden. Vielmehr stehen die unmittelbare und ironische Bedeutung gleichberechtigt nebeneinander, wobei der Zuschauer zwischen „Ironie und Identifikation" (Felix 1998: 542) oszillieren kann.[18]

Neben Anti-Konventionalität sind auch *Reflexivität* und *Referentialität* nicht nur postmodernen Filmen vorbehalten; in Verbindung mit ironischer Verwendung werden diese beiden Verfahren hier aber zum entscheidenden Merkmal. Natürlich können auch klassische Hollywood-Filme selbstreferentiell sein: SINGIN' IN THE RAIN (Kelly/Donan, USA 1953) etwa erzählt von der schwierigen Transition vom Stumm- zum Tonfilm. Der Film beginnt im Scheinwerferlicht einer Film-Premiere am berühmten Hollywood-Boulevard. Die Fans hinter der Absperrung kreischen ihren Idolen begeistert zu, während Varianten von Star-Typen den Limousinen entsteigen: der Vamp, die Leinwandgöttin, der Schönling. Später im Film durchwandert der Protagonist Don Lockwood (Gene Kelly) mit seinem Freund ein Hollywoodstudio auf der Suche nach dem eigenen Set. Im Hintergrund sind dabei in

---

[18] Auch Joan Kristin Bleicher (2002: 113) spricht zusätzlich zum doppelkodierten Prinzip des Werks in Anlehnung an Robert Ray (1994: 224) auch vom „doppelten Zuschauer", der – ähnlich wie dies mit Susan Sontags *Notes on Camp* festgestellt wurde – auch im postmodernen Werk zwischen einem geradlinigen und ironischen Rezeptionsmodus oszilliert.

spielerisch-ironischer Manier stereotype Handlungswelten als Film-Sets zu sehen. Und an anderer Stelle in SINGIN' IN THE RAIN sagt eine Figur in Bezug auf Filme: „If you've seen one you've seen them all."

Abbildung 42-45: Stereotype Figuren und Handlungswelten füllen in SINGIN' IN THE RAIN (Kelly/Donan, USA 1953) den Hintergrund aus, während der Protagonist (Gene Kelly) und sein Freund (Donald O'Connor) das fiktionale Monumental-Pictures-Studiogelände durchqueren. Mit ironischer Selbstreferentialität werden so der Abenteuerfilm, ein prototypischer Eisenbahnüberfall eines Westerns sowie ein Sportfilm als Tableau gestreift.

Das, was die Selbstreferentialität von SINGIN' IN THE RAIN – der hier *pars pro toto* auch für andere klassische Hollywood-Filme stehen soll – von der postmodernen Verwendung unterscheidet, beschreibt Helmut Merker wie folgt: „Die Demonstration, wie die Illusion hergestellt wird, entlarvt diese nicht, sondern verklärt auch noch die Instrumente selbst" (2013: 338). Die Schemenhaftigkeit von Hollywood-Produktionen wird zwar spielerisch offengelegt, die Illusion selbst aber nicht gebrochen: das Werk behält seinen einheitlichen, immersiven Charakter. Schweinitz beschreibt, wie die Offenlegung das bereits Konventionelle gar erneuert und wieder brauchbar macht:

Die Lust an den nach zwei Dekaden Filmmusical um diese Zeit verschlissenen konventionellen Genreformen wurde durch den selbstironischen Blick auf das Genre, den SINGIN' IN THE RAIN gewährt, nicht nur nicht zerstört, sondern im Gegenteil: sie wurde mittels der partiellen Distanzierung und Ironisierung ‚gerettet' und noch einmal ermöglicht. (Schweinitz 2006: 122)

Auch im postmodernen Film wird die klassisch erstrebte Illusion durch Doppel- und Mehrfachcodierung erhalten. Hier gesellt sich allerdings der ironische Rezeptionsmodus zum ‚geradlinigen' – beide Koexistieren. Ein Beispiel für diese postmoderne Strategie ist die Horrorfilmreihe SCREAM (Craven, USA 1996-2011): die Figuren debattieren offen und metadiskursiv die Regeln des Horrorfilms. Scream funktioniert dennoch weiterhin als ‚typischer' Horrorfilm; er kommentiert und reanimiert zugleich. Im ersten Film der Reihe, in SCREAM (Craven, USA 1996), referiert ein Filmfan sogenannte ‚Regeln' oder Genre-Konventionen, die Slasher-Filme der 1970er und 1980er Jahre stets unreflektiert befolgten: „You may not survive the movie if you have sex, if you drink or do drugs" – und: "You may not survive the movie if you say ‚I'll be right back', ‚Hello?' or ‚Who's there?'". Natürlich missachten die Figuren in Scream diese konventionellen Slasher-Regeln trotz der vorangegangenen Reflexion und werden so vom fiktionalen Woodsboro-Mörder mit der weißen Maske der Reihe nach niedergemetzelt.

Abbildung 46-49: SCREAM (Craven, USA 1996) übersteigert das Prinzip der postmodernen Selbstreferentialität in einer Art szenischen Mise-en-Abyme: während Randy (Jamie Kennedy) sich HALLOWEEN (Carpenter, USA 1987) anschaut und er der Protagonistin des Films-im-Film zuruft, der Mörder sei direkt hinter ihr, steht wiederum der SCREAM -Mörder mit gezogenem Messer im Rücken Randys.

Folgende prägnante Szene bringt die selbstreferentielle Ironie des Films durch ihre Mise-en-Abyme-Konstruktion auf den Punkt: derselbe Filmfan, der bereits die Regeln des Slasher-Genres zum Besten gab, sitzt vor dem Fernseher und schaut sich HALLOWEEN (Carpenter, USA 1978) an. Die Hauptfigur des Films im Film (gespielt von Jamie Lee Curtis) schleicht gerade verängstigt durch das Haus auf der Suche nach dem Mörder, der – dem Stereotyp des Genres entsprechend – für das Publikum sichtbar in der dunklen Ecke hinter ihr lauert. So ruft der Filmfan ihr von vor der Mattscheibe genervt zu: „Behind you, Jamie! Behind you!", während auf der Ebene des Scream-Films in demselben Moment – und natürlich wiederum nur für die Zuschauer sichtbar – auch der SCREAM-Mörder unbemerkt hinter den Filmfan schleicht. Das Filmerleben der Figur reflektiert sich im Zuschauer, man wird Zeuge einer stereotypen Wiederholung und erfährt gleichzeitig eine ironische Variation eines standardisierten Horrorfilmmoments. Ob die selbstreflexive Ironie dieser beiden Beispielszenen aus Scream tatsächlich als Dekonstruktion wahrgenommen oder der Film als illusionäres Werk und typischer Genrevertreter rezipiert wird, bleibt dabei den Zuschauern überlassen.

Anders als noch in SINGIN' IN THE RAIN fassen postmoderne Filme – und besonders die hybriden Filme – ihre Versatzstücke nicht mehr unbedingt in eine filmische Einheit. Wurden die Übernahmen bis anhin naturalisiert, wird nun stattdessen ihr fragmentarischer Charakter ausgestellt: „Den Hybridgenre-Filmen ist dieser Wille zur Kohärenz verloren gegangen" (vgl. Schweinitz 2002: 89). Die Permutation und fehlende Kohärenz funktionieren wiederum als Ironie-Markierungen: hier wird spürbar, dass der postmoderne Film metadiskursiv von Konventionalität und von den Mythen des Erzählens handelt. Da die metadiskursive Art postmoderner Ironie nicht nur etwas über die eigene Beschaffenheit aussagt, sondern über die Mythen und Stereotypen unserer Mitteilungssysteme schlechthin, lassen sich auch die Feststellungen zur postmodernen Ironie auf bereits erwähnte kontingenzphilosophische Konzepte zurückführen:

> Der postmoderne Prozess einer Erneuerung des Erzählens durch intensivierte Selbstreferentialität wendet sich jedoch nicht nur in die filmische Vergangenheit zurück, sondern thematisiert auch die Vermittlungskonventionen des Films und den Erzählvorgang. (Bleicher 2002: 116)

Umfassende Verwendungen von Intertextualität und Selbstreferentialität heben den postmodernen Film von seinen Vorgängern ab, er wird zum metastabilen Konstrukt im Sinne Rortys (2012: 128). Ironie schlägt sich hier mehrfachkodiert als Grundprinzip im ganzen Werk nieder. An der Oberfläche wird eine filmische Fabel präsentiert, während auf einer weiteren Bedeutungsebene die konventionellen Versatzstücke einmal nostalgisch verklärt, einmal kritisch wiederholt und mit ironischem Ethos Diskurse zu Kontingenz und Konventionalität assoziiert werden. In seiner Wertausrichtung bleibt der ‚typisch' postmoderne Film ambivalent, was sich mit Rortys Kontingenzvermutung deckt: er glaubt nicht mehr an die Möglichkeit neutraler Werturteile, bzw. an die Existenz des einzig richtigen Werturteils. Anders als bei der satirischen Ironie ist diese Form also nicht mehr korrektiv motiviert, sondern in Bezug auf Haltung und mögliche Deutungsversuche universeller gerichtet.

4 Fallstudien: Ironie im Film, Ironie des Films

Die drei Fallbeispiele aus dem postmodernen Kino – WILD AT HEART von David Lynch (USA 1990), Wes Andersons THE GRAND BUDAPEST HOTEL (USA/DE 2014) und A SERIOUS MAN (USA 2009) von den Brüdern Ethan und Joel Coen – können ironisch gelesen werden: sie stützen sich auf Konventionen, Mythen und Versatzstücke populärer Kultur, und erschließen ironische Bedeutungsgehalte. Dabei entwickeln die Filmbeispiele *unterschiedliche Spielformen filmischer Ironie*. Die Nuancen reichen vom spielerischen zum kritischen, vom milden bis zum persiflierenden Register.

4.1 WILD AT HEART (1990) zwischen Verklärung und Kritik

WILD AT HEART (Lynch, USA 1990) erzählt die Geschichte von Sailor (Nicolas Cage) und Lula (Laura Dern). Nach Sailors Entlassung aus dem Gefängnis begeben sich die beiden Liebenden in ihrem Cabriolet auf die Flucht. Es ist eine Flucht vor dem Gesetz, denn Sailor sollte aufgrund seiner Bewährungsstrafe den Staat nicht verlassen, und zugleich eine vor Lulas Mutter, Mrs. Fortune (Diane Ladd), deren Intrigen der eigentliche Grund waren, weshalb Sailor seine Haft verbüßen musste. Mrs. Fortune möchte die Beziehung zwischen ihrer Tochter Lula und Sailor nur zu gern unterbinden: wie in mehrfachen Rückblenden allmählich geklärt wird, war Sailor der Fahrer einer Bande, deren Boss zusammen mit Mrs. Fortune damals für den Mordanschlag auf Lulas Vater verantwortlich war. In der Nacht, in der das gelegte Feuer den Vater umbrachte, saß Sailor hinter dem Steuer des Fluchtautos. Die aufglimmenden Zigaretten der filmischen Gegenwart verweisen den kettenrauchenden Sailor und uns Zuschauer motivisch auf das traumatische Ereignis zurück. Doch Lula weiß nichts von dieser verhängnisvollen Verbindung und macht sich gemeinsam mit Sailor auf über die Grenzen South Carolinas nach New Orleans und weiter nach Texas. Im gottverlassenen Dorf ‚Big Tuna' treffen sie auf den kriminellen und perversen Bobby Peru (Willem Dafoe), der Sailor zur Komplizenschaft in einem Bankraub überredet. Dass Peru ein weiterer Ausgesandter Mrs. Fortunes' und der geplante Überfall tatsächlich eine Falle ist, wird Sailor erst klar, als er von Peru beinahe erschossen wird. Zwei Polizisten, die nur zufällig vor Ort sind, nehmen Sailor nach dem missglückten Raubüberfall fest und sperren ihn hinter Gitter.

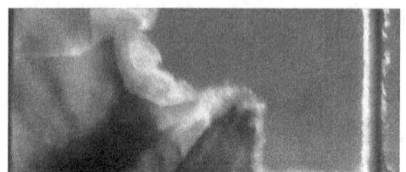 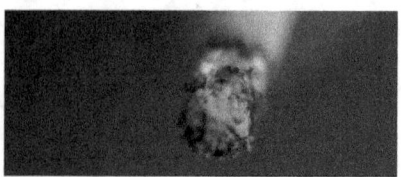

Abbildung 50-51: Im Flammeninferno ist Lulas Vater gewaltsam ums Leben gekommen, während Sailor (Nicholas Cage) damals das Fluchtauto der Verursacher steuerte. Die Erinnerung an den Vorfall kehrt in WILD AT HEART (Lynch, USA 1990) mit jeder aufglühenden Zigarette als symbolischer Verweis zurück.

Nach der erneuten Haftstrafe möchte Sailor auf Lula und das gemeinsame Kind, das während seiner Inhaftierung auf die Welt gekommen ist, verzichten und beide verlassen; zu groß ist die Verantwortung und der Druck, das kriminelle Leben endgültig hinter sich zu lassen. Nach der folgenreichen Zusammenkunft mit einer Straßen-Gang kehrt der geläuterte Sailor allerdings zur Liebsten zurück, um ihr zum Schluss des Films auf der Motorhaube ein romantisches Ständchen zu singen.

Bereits mit Blick auf die Hauptfigur zeigt sich die uneigentliche Erzählstrategie in Lynchs WILD AT HEART. Sailor ist nicht das Resultat realistischer Figurenzeichnung und nicht mit der Menge an Charakterzügen ausgestattet, die eine realitätsnahe Figur kennzeichnet. Auch macht er keine nachvollziehbaren Entwicklungen und Veränderungen durch, sein Verhalten scheint anderen Impulsen als der alltäglichen Wirklichkeit zu entspringen. Sailor ist die Verkörperung einer Pose, die Nachbildung des Stereotyps des jungen, amerikanischen Rebellen, das um 1960 und in Vorlieben in Gestalt von Marlon Brando oder James Dean in besonderer Weise das Hollywoodkino prägte; daneben besitzt seine Identität kaum Facetten, die Figur scheint ohne psychologische Tiefe gezeichnet. Auch sein Name – der gar kein richtiger ist – wird zum Ausdruck einer Abstraktion: ‚Sailor' gleicht mehr einer Funktionsbezeichnung als einem menschlichen Namen, der im Normalfall erst durch die Person, die ihn trägt, mit Bedeutung angereichert wird. Sailor dreht diese Bedeutungsbeziehung um: sein Name beschreibt ihn, nicht umgekehrt.

Mit der Überzeichnung durch stilisierte Posen wirkt Sailor wie eine Figur, die sich selbst eine Rolle innerhalb der Diegese zugeschrieben hat. Sein Macho-Verhalten hat er von Vorbildern adaptiert: er ist hypermännlich, wild und rebellisch wie Brando, leidenschaftlich und desillusioniert wie Dean. Da Sailor im Film konstant seine Individualität betont, können die intertextuellen Andeutungen nur ironisch gelesen werden: Er ist nicht einzigartig, sondern ein Stereotyp, das abstrahierte Abbild seiner Vorgänger – auch die betonte Unabhängigkeit ist ja selbst zum stereotypen Merkmal *aller* filmischer Rebellen. Wenn er seine bedingungslose Liebe ausdrücken möchte, singt Sailor für Lula Elvis Presleys Liebeslieder. Die beiden Szenen, die dies zeigen, sind so deutlich entgegen jeder Kongruenzerwartung inszeniert, dass die Markierung der Ironie kaum demonstrativer sein könnte. Das Paar befindet sich in einem Nachtclub, als Sailor für Lula das erste Lied singt. Dort spielt die (reale) Speed-Metal-Band *Powermad*. In der tanzenden Menge verlieren sich die Liebenden, Lula wird von einem Fremden umgarnt. Als er seine Freundin wieder findet, verjagt Sailor den Aufdringlichen mit vollendetem Imponiergehabe. Dann lässt er sich vom Sänger der Metal-Band das Mikrofon hinüberreichen, um Elvis' „Love Me" zu singen.

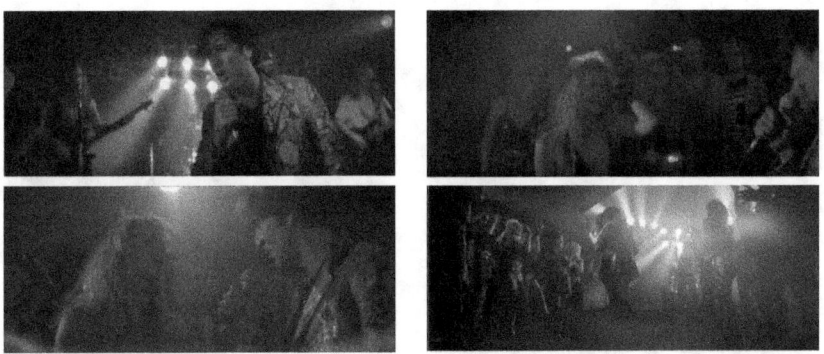

Abbildung 52-55: Mit vollendetem Imponiergehabe greift Sailor in WILD AT HEART zum Mikrofon und singt für seine Lula (Laura Dern) – während eines Speed-Metal-Konzerts – Elvis' „Love Me".

Inszeniert ist eine Unmöglichkeit, die keine Realität, sondern Welten filmischer Imagination zur Referenz hat: Kaum ein Metal-Konzert würde unterbrochen werden, damit „Love Me" gespielt werden kann. In der Szene nimmt Sailor nicht nur das Mikrofon an sich, er erhält von der Band auch musikalische Unterstützung. Ihre E-Gitarren klingen plötzlich so wie die Akustische bei Elvis – sie spielen den Song perfekt nach. Einem Musikvideo oder Musical gleich verschiebt sich die Akustik plötzlich ins Extradiegetische. Das Lied klingt ostentativ wie eine Studioaufnahme. Das Kreischen zahlreicher weiblicher Fans, die plötzlich zu hören sind, scheint diegetisch nur unzureichend motiviert. Während seiner Performance adaptiert Sailor nun auch die Gestik Elvis'; etwa wenn er Lula zuzwinkert oder seine Hand dramatisch nach ihr ausstreckt. Die Szene erhält eine durch und durch imaginäre Qualität: die Unmöglichkeit und der plötzliche Registerwechsel markieren hier einen Kontrast zu jeder Realismuserwartung und verschieben auf diese Weise die filmische Darstellung des Liebesmoments vom Romanischen ins Ironische.

Die Schlussszene aus WILD AT HEART dreht die Schraube noch um eine Windung weiter: als Sailor nach seiner Läuterung Lula wiederfindet, springt er auf die Motorhaube ihres Wagens, und greift – mit der einen Hand am Herz und der anderen ausgestreckt – nach ihr. Als sich die Liebenden dann auf der Motorhaube gegenüberstehen, setzt Sailor zu einem weiteren Elvis-Lied an: „Love Me Tender". Der Standardinszenierung solcher Liebesmomente entsprechend[19] kreist die Kamera mit scheinbar unendlicher Bewegung um das Paar, während Sailor sein Lied singt und der Abspann über das Bild läuft.

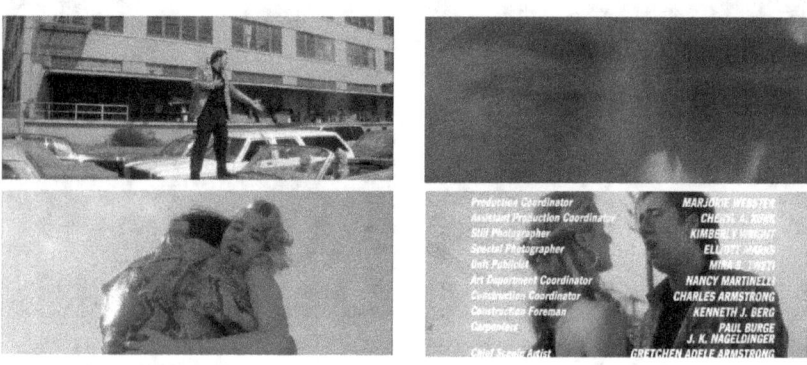

Abbildung 56-59: Mit Pathos besingt Sailor in WILD AT HEART Lula ein letztes Mal, bevor der Film glücklich endet.

Die Inszenierung durchbricht erneut jegliche diegetische Illusion: Instrumente sind zu hören, die in der Filmwelt nirgends zu sehen sind – die Akustik des Songs ist wieder deutlich eine Studioaufnahme. Sailors Gebärden bestehen aus der Aneinanderreihung von konventionellen Posen: seine Hand auf dem Herz gleicht einer manierierten, pathetischen Schauspielgeste, die weit in die Film- und Theatergeschichte zurückreicht, zur „fixierten Pose" oder „rituellen Handlung" geworden ist

---

[19] Eine Inszenierung mit vergleichbarer Bedeutung für die Filmhandlung findet sich etwa in THE FABULOUS BAKER BOYS (Kloves, USA 1989) oder OBSESSION (De Palma, USA 1976). Die mehrfachen 360°-Kamerafahrten um zwei Figuren im Zentrum unterstützen bei allen Beispielen die Inszenierung einer langersehnten Zusammenkunft zweier Menschen.

(Schweinitz 2006: 74) und als solche nun durch Überakzentuierung enttarnt wird. Beide Gesangsszenen assoziieren die Handlungsverläufe von Elvis-Filmen, in denen der Frauenschwarm ebenfalls zur Gitarre griff, um seinen Gefühlen Ausdruck zu verleihen. Auch dort schloss die Fabel stets mit einem *Happy Ending*: dem Sieg der Liebe. Durch die surrealen, pathetischen und kitschigen Komponenten werden in WILD AT HEART solche Liebesmomente aber nicht wirklich ‚naturalisiert' und verklärt, sondern in ihrer Künstlichkeit durch Überzeichnung offengelegt. Der Siegeszug der Liebe ist nicht bruchlos dargestellt: die plötzlichen Registerwechsel fragmentieren die Erzählung – und verweisen auf weitere Bedeutungsgehalte. Die Szenen sind nicht mehr ‚unmittelbar' genießbar, der Mythos der Liebesmomente im Kino wird dekonstruiert und in seiner imaginären Qualität ausgestellt.

Fast alles in WILD AT HEART erscheint als offengelegtes Zeichen aus dem kulturellen Repertoire. Die Schlangenlederjacke, die Sailor trägt, deutet er selbst als Zeichen seiner Individualität: „This is a snakeskin jacket. And for me, it's a symbol of my individuality, and my belief in personal freedom", antwortet Sailor etwas zu mechanisch, wenn er auf sie angesprochen wird. Ironischer- und bezeichnenderweise ist diese Jacke, die Sailors Einzigartigkeit symbolisieren soll, ein Replikat von Marlon Brandos Jacke in THE FUGITIVE KIND (Lumet, USA 1960). Das Zeichen für Sailors Einzigartigkeit muss in ein ironisches Zeichen umgedeutet werden. Einzigartigkeit kann – so teilt uns der Film auf einer sekundären Bedeutungsebene mit – im postmodernen Zeitalter wohl nur bedeuten, so zu sein, wie es Brando in Erfüllung seines rebellischen Stereotyps einmal war.[20]

Lulas Figurenzeichnung oszilliert in der Geschichte zwischen wilder Leidenschaft und reiner Passivität. Auch ihr Gestenrepertoire besteht aus einer Aneinanderreihung von Posen und folgt nicht einem ‚realistischen', psychologisch motivierten Schauspiel.

---

[20] Sailors *snakeskin jacket*, die Brandos Jacke in THE FUGITIVE KIND nachempfunden ist (dessen deutscher Filmtitel passend ‚DER MANN IN DER SCHLANGENHAUT' lautet), ruft das postmoderne Misstrauen gegenüber der romantische Vorstellung von Individualität und Willensautonomie ins Gedächtnis, das im Kapitel zur romantischen Ironie beschrieben wurde. Während die metafiktionalen Techniken in der romantischen Dichtung das Autoren-‚Ich' noch verklärten (vgl. Schweinitz 2006: 119), entleert sich in der postmodernen Kunst mit Hassan dieses romantische ‚Ich' (vgl. 1988: 50). Mit der ironischen Verwendung des Wortes ‚Individualität' in WILD AT HEART werden solche Zweifel verdeutlicht.

> Und deswegen führt sie ein Leben der Auftritte, der Posen; sie will ein kleiner Vamp in einer Märchenwelt sein, sie will die Olive Oyl sein, die sich von Popeye, dem Seemann, retten lässt, wenn die Blicke der Männer zu Taten werden drohen. (Seeßlen 2003: 103)

Auf dem Weg nach Texas, an einer Tankstelle, sitzt ein Mann, der gemütlich zum Blues aus dem alten Radio mitschnipst. Im Gegenschuss posiert Lula auf dem Cabriolet und sendet Küsschen durch die Luft. Die Szene spricht Werbesprache: wie ein Postkartenmotiv der Südstaaten wirkt die Szenerie um den alten Mann, während sich Lula wortlos wie ein Pin-Up-Girl aus den 1950er Jahren räkelt. Die Kamera verklärt die Bilder zusätzlich, wenn sie sich zwischen der Schuss-Gegenschuss-Montage in einer fließenden Fahrt auf die Figuren zu- oder von ihnen wegbewegt. Die Werbefilmästhetik perfektioniert hier den Mythos, und legt ihn – weil dysfunktional eingesetzt – zugleich offen.

Objekte wie Zigaretten werden in WILD AT HEART mit Bedeutung angereichert, während sich die Hauptfiguren wirklicher Persönlichkeit entledigt haben. Den offenen Zeichencharakter der Figuren hat auch Georg Seeßlen beobachtet: „Sailor und Lula sind ganz Pose und Zeichen, die da, wo sie aufscheinen, fehl am Platz sind. Sie imitieren die Zeichen einer vergangenen Zeit, sie sind Elvis und Marilyn in der Hölle der amerikanischen Gegenwart" (Seeßlen 2003: 105).

Abbildung 60-61: Lula posiert wie ein Pin-Up-Girl auf dem Cabriolet, während ein Blues-Song im alten Radio spielt. In der Werbefilmästhetik werden die Zeichen verklärt.

Dieser amerikanischen Hölle setzt Lula ihre Faszination entgegen, die für sie von THE WIZARD OF OZ (Fleming, USA 1939) ausgeht. Auf die märchengleiche Fabel des Musicals wird in WILD AT HEART konstant verwiesen, im „Mythen-Hopping" (Distelmeyer 2002: 74) vermischt sie sich mit der postmodernen Filmwelt: In Vorahnung der Gefahr sieht Lula die böse Hexe aus dem Oz-Land neben dem Auto herfliegen oder sie klackt die Fersen ihrer roten Schuhe zusammen wie einst Dorothy (Judy Garland), wenn sie sich und ihrem Liebsten den Rat des Zauberers wünschte. „Too bad he couldn't visit that old Wizard of Oz, and get some good advice", sagt Lula über einen Geistesverwirrten. Für Lula ist das Zauberland eine

Wunschwelt, die im harschen Kontrast zur kriminellen Unterwelt steht, in die sie mit Sailor gerät, die ihr aber Zuflucht bieten kann.

Das Ende von WILD AT HEART wird durch die endgültige Flucht der beiden Protagonisten in die Märchenwelt der klassischen Hollywood-Musicals markiert: Kurz nachdem sich Sailor von Lula und dem gemeinsamen Sohn abwendet und von einer Straßen-Gang niedergeprügelt wird, erscheint ihm in nahezu perfekter Nachahmung die gute Hexe aus Flemings THE WIZARD OF OZ. Sie appelliert an Sailors Liebe für Lula und schickt ihn in die Arme seiner Liebsten, wo er ihr zu guter Letzt sein Elvis-Ständchen singt. Dieses Ende kann als ein ostentativer Ausdruck von Susan Sontags Konzept des intendierten ‚Camp' (1991: 331) gedeutet werden, da es wohl absichtlich einer gescheiterten Ernsthaftigkeit gleicht. Das erhabene Gefühl der Liebe wird hier durch die Addition gesteigerter konventioneller Bilder, Handlungen und Gesten in derart kitschiger und unwirklicher Form verbildlicht, dass der Zuschauer unweigerlich nach weiteren Sinngehalten suchen muss: Die Hexe des Nordens, die die Erzählung hier zum Guten wendet, bleibt ein Fremdkörper in der diegetischen Welt und kann nur uneigentlich – als ausgestellter *deus ex machina* – rezipiert werden. Dabei erfährt die textuelle Übernahme aus dem THE WIZARD OF OZ eine semantische Verschiebung; zu offensichtlich passt das narrative Stereotyp des *Happy Endings* nicht mehr in diese Filmwelt. WILD AT HEART, so schreibt auch Distelmeyer, bezieht die „verstörende und faszinierende Wirkung nicht zuletzt durch die Negation und Verfremdung einer eher klassischen, sukzessiven Filmerzählung" (2002: 72).

Vor dieser endgültigen Wendung ins Phantastische bricht in WILD AT HEART an wenigen Stellen die Realität, die ‚reale Grausamkeit', durch: Das Autoradio bringt Meldungen zu aktuellen Verbrechen, die Protagonisten werden Zeugen eines tödlichen Autounfalls und in einer Rückblende, in der die Bilder grotesk verzerrt erscheinen, wird eine Vergewaltigung und Abtreibung in Lulas Vergangenheit angedeutet. Und auch bei Sailors Entscheid, das Leben von Lula und dem gemeinsamen Kind nicht weiterhin durch seine Streifzüge in die kriminelle Welt zu gefährden, glitzert zunächst eine Spur von Realismus durch. Umso uneigentlicher wirkt danach das *Happy Ending*: Der Kontrast zwischen dem Einbruch der unerbittlichen Realität und dem Erscheinen der Fee produziert einen Bruch in der Kongruenzerwartung, die zusätzlich zum ironischen Lesen des Endes beiträgt. Das *Happy Ending*, das jede Fabel des klassischen Hollywoods gut enden ließ, erscheint hier nur noch als offengelegtes, unreales Muster, als Persiflage.

Abbildung 62-65: Die gute Hexe aus THE WIZARD OF OZ (Fleming, USA 1939) erscheint in perfekter Imitation (Sheryl Lee) auch in WILD AT HEART und rettet die Liebe zwischen den beiden Protagonisten.

Die Nebenfiguren von WILD AT HEART sind so eindimensional wie ihre Funktion, die sie in der Filmerzählung einnehmen: die Kriminellen im texanischen Big Tuna sind derart unansehnlich und schäbig, dass ihre miesen Absichten augenfällig werden. Sie erfüllen die entsprechenden Stereotype nicht mehr nur, sondern stellen sie regelrecht aus. Die Mutter von Lula vollzieht eine optische Entwicklung von einer ‚realistischen' Filmfigur hin zum abstrahierten Abbild des Bösen: aus Wut und Verzweiflung über die geglückte Flucht von Sailor und Lula malt sie sich ihr Gesicht mit einem Lippenstift rot an, bis sie eine Variation der *wicked witch* aus dem WIZARD OF OZ ist. Auch andere Zeichen verweisen auf den Vorgänger: ihre spitzen Hausschuhe und die hexengleichen Fingernägel lassen sie zum filmhistorisch verbürgten, stereotypen Antagonisten werden. Als Sailor am Ende des Films zu Lula zurückkehrt, löst sich die eingerahmte Fotografie der Mutter in Rauch auf – ihr Abbild verschwindet mit dem exakt gleichen Schrei, den die *wicked witch* schon während ihrer körperlichen Auflösung im WIZARD OF OZ 1939 von sich gegeben hatte. Die parodistische Anleihe produziert Ironie nicht zuletzt durch kontextuellen Kontrast: Genau wie die Liebesszenen, in denen Sailor für Lula die Lieder Elvis' singt, durchbricht die plötzliche Transformation der Mutter in das zeichenhafte Abbild des Bösen die Kohärenzerwartungen der Zuschauer. Die *wicked witch*, die sich im Land von Oz noch in die bunte, märchenhafte Musical-Welt einfügen konnte, wird in dieser Filmwelt zum offensichtlichen Fremdkörper, der sekundäre Bedeutungszuschreibungen fordert.

Abbildung 66-67: Den Nebenfiguren Bobby Peru (Willem Dafoe) und Mrs. Fortune (Diane Ladd) ist der miese Charakter ins Gesicht geschrieben.

WILD AT HEART erscheint als ein *postmodernes Erzeugnis*: Die Hauptfiguren sind zu abstrakten Zeichen geworden. „Keine Geste, keine Pose, keine symbolische Handlung seiner beiden Helden ist genuin von ihnen oder für sie erfunden, sie sind Wesen, die aus den Zitaten leben wollen" (Seeßlen 2003: 111). Im Film vermischen sich die Mythen des Kinos, die Story wird zudem mittels stilisierter Werbefilmästhetik erzählt. Hinter der Haltung des Films verbirgt sich eine Ironie, die metadiskursiv von den Möglichkeiten der Individualität im hochmedialisierten Zeitalter handelt.

Der Film kann nicht mehr nur einem Genre zugeordnet werden; er ist hybrid. Gleicht er streckenweise einem *Road Movie*, übersteigt WILD AT HEART in seiner Fragmentiertheit die episodenhafte Struktur noch, die Motivvariationen der ‚*couples on the road*' ohnehin immer besitzen. Die Vergangenheit Mrs. Fortunes etwa assoziiert das Aufeinandertreffen von Kriminalität und Bürgerlichkeit im Detektivfilm. Der Film gestaltet die in Jamesons Sinne ‚ewigen' 1950er Jahre nach, denen auch die – freilich aus ganz unterschiedlichen Genres stammenden – Rollenbilder von Lula und Sailor entsprechen. Intertextuelle Adaptionen und die kulturelle Vergangenheit wirken kontingent und werden als offen fiktive Zufluchtswelten stilisiert. WILD AT HEART verklärt diese adaptierten kulturellen Mythen aber nicht vollständig: Versatzstücke des klassischen Hollywoods erscheinen mit ironischer Bedeutungsverschiebung – etwa wenn Schnauz und Frisur von Bobby Peru, für den eine perverse Belästigung nur ein Spaß am Rande ist, an das Aussehen Clark Gables erinnern.

Als unmittelbare Erzählung scheint WILD AT HEART also kaum lesbar; zu sehr stören die phantastischen, grotesken und offen kitschigen Momente, als dass eine eigentliche Geschichte noch unreflektiert rezipierbar wäre. Wann immer Momente von Realität durch die Werbeästhetik brechen und uns an reale Biografien erinnern, produziert das eine Spielform der Ironie, die eben nicht mehr genuin postmodern, sondern *satirisch* erscheint: der Mythos ‚American dream' wird bitter als Illusion karikiert. Insgesamt oszillieren die Darstellungen des Films zwischen der nostalgischen Verklärung der kulturellen Vergangenheit und der ironischen Kritik an der westlichen Kultur: Die Mythen westlicher Zivilisation werden ostentativ als Traumwelt inszeniert, die nur im Film bestehen kann.

4.2 Zeichen und Mythos in THE GRAND BUDAPEST HOTEL (2014)

In Wes Andersons THE GRAND BUDAPEST HOTEL (USA/DE 2014) bricht außerfilmische Realität dank strenger Bildkomposition und mehrschichtiger Fabel kaum mehr durch. Der Film erzählt die Geschichte des titelgebenden Grand Budapest Hotels, das in der fingierten osteuropäischen Republik ‚Zubrowka' in den 1930er Jahren seine Glanzzeit erlebt. Der junge Zéro (Tony Revolori) trifft in seinen Lehrjahren als Lobby Boy auf den Concierge Monsieur Gustave (Ralph Fiennes), der ihn zu seinem Protégé macht. Ausgelöst durch den mysteriösen Tod einer älteren Dame, der Angebeteten von Gustave, Madame D. (Tilda Swinton), und einem unverhofften Erbstück, erleben die beiden gemeinsam eine Reihe von Abenteuern: Dmitri (Adrien Brody), der Sohn von Madame D., beansprucht das Erbe seiner Mutter nämlich für sich und setzt mit seinem Gehilfen Joplin (Willem Dafoe) alles daran, das Renaissance-Bild *Boy with Apple* wieder zurück zu holen, das Gustave und Zéro – den letzten Willen der alten Dame befolgend – aus seinem Anwesen entwendet haben. Durch Dmitris Intrigen wird M. Gustave fälschlicherweise des Mordes an Madame D. verdächtigt und dafür eingesperrt. Zéro verhilft ihm zur Flucht und die beiden holen sich das Gemälde aus dem Safe des Grand Budapest Hotels, das inzwischen durch eine faschistische Regierung übernommen und von Militärführern besetzt ist. Mit ihrem letzten Willen, der auf einem Zettel hinter dem Gemälde niedergeschrieben ist, vermacht die verstorbene Madame D. ihrem Gustave nicht nur das Renaissance-Bild, sondern auch das Grand Budapest Hotel, dessen Besitzerin sie insgeheim und ohne Gustaves Wissen war. Während einer Bahnfahrt planen Zéro und M. Gustave ihre weitere Zukunft, als der Zug plötzlich angehalten wird. Der Concierge wird nach einer Auseinandersetzung vom faschistischen Militär brutal erschossen – womit sein Protégé Zéro zum neuen rechtmäßigen Besitzer des Grand Hotels aufsteigt.

Die Erzählung um das Hotel wird als Geschichte in der Geschichte in der Geschichte präsentiert: zunächst schreitet ein unbekanntes Mädchen auf einen Friedhof, wo es vor dem Grab eines Schriftstellers ihr Buch aufklappt. Der Schriftsteller (Tom Wilkinson) erscheint zu Lebzeiten im Jahr 1985 im Bild und spricht seine Bucheinführung frontal in die Kamera. Er erzählt, wie er – dargestellt in neuem Bildformat (2.35:1; *widescreen*) – 1968 den Besitzer des Hotels, ein alternden Zéro (F. Murray Abraham), kennenlernte. Schlussendlich erscheint auch dessen Geschichte aus dem Jahr 1932 mit anderem Format (1.37:1; *Academy ratio*) und Farbschema (vgl. Atkinson 2014).

Abbildung 68-71: Mit unterschiedlichen Bildformaten und Farbkonzepten wird die Fabel um das Grand Hotel in THE GRAND BUDAPEST HOTEL (Andersen, USA/DE 2014) auf vier Erzählebenen umgesetzt.

Umgesetzt ist THE GRAND BUDAPEST HOTEL mit einem hochstilisierten visuellen Konzept: in einer Mehrzahl der Bilder herrscht die für das erzählende Kino eher ungewohnte Zentralperspektivierung, viele Aufnahmen sind durch einen überzogenen Weitwinkels tonnenförmig verzerrt. Oft sind Figuren direkt vor einer Wand oder aber in der Flucht eines Hotelflurs fotografiert; die Kamera und die Figuren verhalten sich entweder statisch oder bewegen sich hastig und rasant – gemäßigte und ‚natürliche' Tempi bleiben in der Welt des Grand Hotels die Ausnahme. Und die Kamera vollzieht gern einen unüblichen senkrechten oder waagerechten Reißschwenk, um zwei Einstellungen zu verbinden. Zu Beginn oder am Ende einer Einstellung verharren die Figuren zuweilen kurz in ihrer Pose, um das Tableauhafte zu unterstreichen. Weil sie frontal ins meist symmetrisch komponierte Bild gesetzt werden, blicken die Figuren beim Sprechen auch oftmals direkt in die Kamera – ein Stilmittel, dass im klassisch-narrativen Kino selten eingesetzt wird, weil es die Illusion einer geschlossenen Filmwelt aufbricht. Die extensive Verwendung solch manierierter Kadrierungen und Kamerabewegungen verleiht dem Film eine durchstilisierte Ästhetik und lenkt die Aufmerksamkeit der Zuschauer selbstreflexiv auf die Inszenierung. So durchbricht der Film bereits auf der bildlogischen Ebene die Kongruenzerwartungen eines Publikums, das illusionistischere Darstellungen gewohnt ist. THE GRAND BUDAPEST HOTEL evoziert – so kann argumentiert werden – bereits visuell eine ironische Lektüre. Keine Kadrierung, kein Bilddetail wirkt so, als wäre es zufällig oder ‚natürlich'.

Abbildung 72-75: THE GRAND BUDAPEST HOTEL ist mit hochstilisiertem visuellen Konzept realisiert: Viele Bilder besitzen eine Zentralperspektive, während Figuren vor flächigen Wänden oder in die Flucht eines Ganges fotografiert sind.

Auch akustisch zeigt sich der Film ostentativ bis ins Detail durchkomponiert. Genau wie mit den Bewegungstempi oszilliert auch die Tonebene zwischen den Extremen: Szenen sind entweder mit Orchestermusik reich untermalt, oder es herrschen überdeutliche Pausen. Der Film wird also, wie das klassische Hollywood, auf allen Ebenen vom „Gestus der ästhetischen Überhöhung getragen" (Grob/Bronfen 2013: 17), hebt dies jedoch im Unterschied zur klassischen Narration auffällig hervor. Auch die Dialoge der Figuren sind unnatürlich und manieriert – die Sprache stellt sich in ihrer Künstlichkeit regelrecht aus – und auf der Dialogebene schwankt THE GRAND BUDAPEST HOTEL zwischen den Extremen. So wechselt M. Gustave etwa in einem Plädoyer für sein Lieblingsbild *Boy with Apple* allzu plötzlich zwischen poetischer Umschreibung und einem alltagsnäheren Register:

> This is van Hoytl's exquisite portrayal of a beautiful boy on the cusp of manhood. Blond, smooth skin as white as that milk, of impeccable provenance. [...] It's a masterpiece. The rest of this shit is worthless junk.

Die Sprache oszilliert hier zwischen umschreibender Poesie und ironisch akzentuierter Überdeutlichkeit: Ausdrücke wie „cusp of manhood" werden im gleichen Atemzug wie „worthless junk" formuliert. Ein Aquarell, dass die Bilderdiebe Gustave und Zéro anstelle des gestohlenen *Boy with Apple* an die Wand in Dmitris Villa hängen, ist dem Stil Egon Schieles persiflierend nachempfunden und trägt den Titel *Two Lesbians Masturbating*; der Bildername und seine überdeutliche Beschreibung des Inhalts zeugen von ironischem Umgang mit modernistischem Kunstverständnis und dem Hang zum Pornografischen bildnerischer Kunst.

Abbildung 76: Während andere erotische Sinngehalte in der Tradition der *sophisticated comedy* in THE GRAND BUDAPEST HOTEL jeweils elegant umschrieben werden, trägt dieses Gemälde ironischerweise den überdeutlichen Titel *Two Lesbians Masturbating*.

Die Geschichte wird durch ein Voice-Over miterzählt, ganz so, als würde uns der Roman-Schriftsteller vom Anfang durch die Erzählung führen. Dies führt zu teils paradoxen, teils ironischen Konstellationen. So erklärt die Erzählstimme uns in aller Deutlichkeit Dinge, die wir im filmischen Bild ohne Mühe erkennen können – etwa wer jetzt spricht oder was die Figuren gerade machen. An anderen Stellen im Film stellt sich eine ironische Doppeldeutigkeit ein, etwa wenn die Erzählstimme

beschönigend von einem „formal rendez-vous" erzählt, sich Zéro und seine Geliebte Agatha (Saoirse Ronan) im Bild aber heftig küssen.
Intertextuelle Anleihen prägen die Erzählung sowohl auf ästhetischer als auch inhaltlicher Ebene. So gleicht THE GRAND BUDAPEST HOTEL zunächst älteren Filmen mit dem Thema ‚Leben im Hotel': Interieurs erinnern an Ingmar Bergmans TYSTNADEN (DAS SCHWEIGEN, SE 1963), Figurenkonstellationen an den Ensemble-Film GRAND HOTEL (Goulding, USA 1932) (vgl. Teichmann 2014). Andersons Werk reiht sich aber nicht nur in diesen Themenkanon ein – die hypertextuellen Verweise, die sich unter der hochstilisierten Oberfläche befinden, sind vielfältiger: Einstellungen mit Zentralperspektiven in einem Hotel sind filmhistorisch verbürgt, da sie schon den Inszenierungen in Stanley Kubricks THE SHINING (USA 1980) eine dichte Atmosphäre verliehen. Auch die unterschiedlichen Bildformate entsprechen in etwa ihren filmhistorischen Epochenvorbildern. Eine rasante Ski-Abfahrt durch den Schnee erinnert wiederum an Roman Polanskis THE FEARLESS VAMPIRE KILLERS (GB 1967), eine Verfolgung durch Joplin ähnelt einer Szene aus Alfred Hitchcocks TORN CURTAIN (USA 1966). In postmoderner Manier werden filmische Adaptionen unterschiedlichster Herkunft zusammengeworfen, ironisch kombiniert und rekontextualisiert.

Abbildung 77-82: Bei einem direkten Vergleich der Museums-Szenen aus TORN CURTAIN (Hitchcock, USA 1966) und THE GRAND BUDAPEST HOTEL zeigen sich die deutlichen Parallelen zwischen Andersons Film und dem filmhistorischen Vorbild.

Aus dieser Menge an Anspielungen gegriffen, soll in dieser Analyse die Parodie von Hitchcocks TORN CURTAIN *pars pro toto* veranschaulichen, wie THE GRAND BUDAPEST HOTEL seine Vorgänger ironisch imitiert. Die Szene, in der der Anwalt Vilmos Kovacs (Jeff Goldblum) vor seinem Verfolger Joplin in ein Kunstmuseum flüchtet, ist die beinah exakte Nachahmung einer Szene aus TORN CURTAIN; allerdings mit einer ironischen Wendung. In Hitchcocks Werk muss sich der Protagonist Prof. Michael Armstrong (Paul Newman) vor seinem ‚Bodyguard' Gromek (Wolfgang Kieling) schützen, der von der Stasi auf den amerikanischen Wissenschaftler angesetzt wurde. Gromek ist Armstrong auf die Schliche gekommen – dieser möchte nämlich nicht, wie zunächst vorgegeben, der ostdeutschen Regierung als Wissenschaftler dienen, sondern als Geheimagent für die Vereinigten Staaten deren Geheimnisse in Erfahrung bringen. Von Gromek mit dem Motorrad verfolgt, steigt Armstrong in einen gelben Bus. Im Kunstmuseum versucht der Amerikaner seinen Verfolger abzuschütteln, was ihm – nach einer auf Spannung setzenden Szene in den Sälen des Museums – schlussendlich gelingt. In THE GRAND BUDAPEST HOTEL ist es nun Kovacs, der vor seinem Angreifer flüchten muss. Der Anwalt steigt in ein Tram, das im selben Gelb gestrichen ist wie der Bus im Originalfilm. Joplin verfolgt ihn auf dem Motorrad – exakt so, wie es sein filmisches Vorbild tat. Ohnehin scheint Joplin eine überzeichnete Variante seines Stasi-Vorgängers zu sein: Genau wie Gromek hat er den Kragen seiner Lederjacke hochgeschlagen. Auch in seiner Wortkargheit und drohend-gefährlichen Aura verweist er direkt auf den Hitchcock-Bösewicht. Mit der Geste der ironischen Übertreibung besitzt Joplin nun aber zusätzlich noch schwarz geschminkte Augen, Schlagringe und Eckzähne, die – ähnlich wie bei filmischen Vampiren – immer wieder einmal drohend hervorblitzen. Dank der Überakzentuierung erscheint er als abstrahiertes Stereotyp, als Inbegriff des Bösen. Sich der Verfolgung bewusst, steigt auch Kovac an der nächsten Haltestelle aus, um Joplin im Kunstmuseum abzuhängen. Genau wie beim Vorgänger-Film ist nun das herrschaftliche Kunstmuseum zentral ins Bild gesetzt – der Zuschauer sieht, wie zunächst der Verfolgte, dann in dichter Folge der Bösewicht ins Museum schreitet. Die Verfolgungsjagd im Gebäude wird in Andersons Variante in die fast gleiche Bildreihe aufgelöst, wie zuvor in TORN CURTAIN. Die Kamera zeigt den Verfolgten, wie er durch die Hallen, Säle und Gänge geht, dann jeweils stehen bleibt und lauscht. Hier ist in THE GRAND BUDAPEST HOTEL allerdings eine Differenz gegenüber dem Original inszeniert, die für die Kenner des Ursprungstextes eine ironische Qualität hat: Während es Armstrong gelang, durch den Hinterausgang zu fliehen, weil er die Schritte seines Verfolgers hört und ihn so lokalisieren kann, nimmt die Szene in der neuen Version für den verfolgten Kovac ein deutlich fataleres Ende. Hier entledigt sich Joplin in weiser Voraussicht seiner Stiefel und schleicht seinem Opfer unbemerkt nach – fast so, als wäre er sich den

Fehlern seines filmischen Vorgängers bewusst; die postmodernen Filmfiguren scheinen hier aus den Fauxpas ihrer klassischen Vorbilder gelernt zu haben.

In THE GRAND BUDAPEST HOTEL sind solche intertextuellen Übernahmen als Fragmente noch spürbar. Zu Beginn des Films, als der Reigen exzentrischer älterer Hotelbesucher vorgestellt wird, scheint er in der Tradition von Jean Renoirs LA RÈGLE DU JEU (FR 1939) oder Ernst Lubitschs Boudoir-Komödien zu stehen. Von Lubitschs TROUBLE IN PARADISE (USA 1932) leiht sich Andersons Film auch die Inszenierung eines pompösen Vorkriegseuropa und die Dialoge voller Wortwitz – die ironische Sprache ist ebenfalls filmhistorisch verbürgt. Eine Konversation zwischen Pinky (Florian Lukas) und Monsieur Gustave lässt etwa nichts vom berühmten Charme des ‚Lubitsch-Touch' vermissen, der ebenfalls auf einem „smooth, effortless, and highly stylized use of language" (Beach 2002: 18) basierte und im speziellen Rhythmus artikuliert wurde:

> Pinky: „Me and the boys talked it over. We think you're a really straight fellow."
>
> M. Gustave: „Well, I've never been accused of that before, but I appreciate the sentiment."

THE GRAND BUDAPEST HOTEL erinnert aber nicht nur an die Tradition der *sophisticated comedy*, die in den 1930er Jahren durch stilisierte Verwendung von Sprache die Upper Class inszenierte (vgl. Beach 2002: 18), der Film wechselt sein Register konstant: mit rasanten und slapstick-artigen Verfolgungsjagten assoziiert er auch das weniger subtile Pendant zur *sophisticated comedy* – die *anarchistic comedy*. Hier gleicht er etwa den Produktionen der Marx-Brüder, deren DUCK SOUP (McCarey, USA 1933) – als weiterer intertextuelle Verbindung – ebenfalls in einem fingierten europäischen Land spielt.

Abbildung 83-84: Das Bergmassiv wirkt absichtlich künstlich und gleicht verklärenden Landschaftsdarstellungen und erinnert etwa an den Naturpathos der romantischen Malerei.

Die uneigentliche Lesart bietet sich für die Zuschauer von THE GRAND BUDAPEST HOTEL an, weil die Formelhaftigkeit der Zeichen durch strenge Komposition, tableauartige Bilder und stereotype Darstellungen spürbar geworden ist: Die Antagonisten benötigen etwa keine Einführung und eingehende Charakterisierung, um als solche erkennbar zu sein, die augenscheinlich künstlichen Kulissen ums Grand Hotel erinnern wohl absichtlich an Gemäldemotive der Romantik, darunter Motive des romantischen Landschaftsmalers Caspar David Friedrich (vgl. Murphy 2014), und nicht an reale Alpenmassive. Mit ihrer ausgestellten Künstlichkeit und übersteigerten Verklärung alpiner Landschaften wirken sie wie die gemalten Hintergründe eines Puppentheaters.

Zeichenhaft verweisen Elemente des Films also auf eine stereotype Darstellung des ‚alten' Europa: die adelige Familie um Madame D. assoziiert die prunkvolle Habsburgerzeit, Mendels Backwaren, die im Film angefertigt und konsumiert werden, erinnern an Österreichs Backtradition. Zubrowka befindet sich 1932 am Vorabend eines Weltkriegs, der mit der Aufrüstung faschistischer Truppen das Dritte Reich und den Zweiten Weltkrieg vergegenwärtigt. Das Aussehen des Hotels von 1968 funktioniert mit Beton-Optik und Farbgebung wiederum als Pastiche eines Osteuropas hinter dem Eisernen Vorhang. Der Vorspann wird durch Jodelmusik untermalt und die gesamte Filmmusik erinnert an stereotype Ausformung europäischer Volksmusik. Weil all diese Zeichen angehäuft und zugleich abstrahiert vorkommen, handelt der Film nicht von einem ‚realen' Europa, sondern von einem Stereotyp aus amerikanischer Perspektive, einem imaginären Ort, wie es für postmoderne Darstellungen typisch ist (vgl. Strain 1998: 151).

Europa wird hier als Mythos inszeniert, angereichert mit Zeichen, die – im Sinne Barthes' – ihre historische Tiefe und ihren eigentlichen Sinn verloren haben. Diese Zeichen können keinem realen geografischen Ort zugeordnet werden; einmal muten sie genuin deutsch, einmal russisch oder französisch an, und das Zeichen-Land im Nirgendwo trägt mit ‚Zubrowka' den Namen einer polnischen Wodka-Marke. Die Art, wie THE GRAND BUDAPEST HOTEL selbstreflexiv die filmhistorischen Zeichen und Mythen verwendet (der Film stellt sich selbst durch Überstilisierung als Konstruktion aus), erinnert auch an Ecos (1988: 76) Beschreibung einer postmodernen Variante der Ironie: Bei der Wiedergabe standardisierter Versatzstücke vermeidet diese durch Reflexion und Doppeldeutigkeit eine falsche Unschuld. Und dank einer sekundären Bedeutungsebene kann auch in THE GRAND BUDAPEST HOTEL Konventionelles wiederverwendet werden. Der Film reflektiert die verwendeten Zeichen und Mythen, indem er sie überzeichnet und überstilisiert – ironisch – verwendet.

Abbildung 85-86: THE GRAND BUDAPEST HOTEL reanimiert Mythen und handelt zugleich metadiskursiv von ihnen: der Wanderer, der Bernhardinerhund und der Volkswagen-Bus verweisen als Ansammlung von Zeichen auf das Europa der späten 1960er Jahre, im Bild rechts ist es die Besetzung des faschistischen Militärs, die den Zweiten Weltkrieg assoziiert.

Andersons THE GRAND BUDAPEST HOTEL konstruiert eine Distanz, spricht in einer Metasprache von Mythen, ohne diese im gleichen Masse dysfunktional darzustellen, wie es Lynchs WILD AT HEART getan hat. Vielmehr werden sie hier noch einmal funktional aber völlig spielerisch zu einem märchenhaften Ganzen montiert. Der Mythos lebt – wenn auch mit ironischer Distanz – noch einmal auf: Durch die mehrfache Rahmung und durchgängige Stilisierung der Bild- und Tonsprache erscheint Filmgeschichte und reale Geschichte mit all ihren Grausamkeiten wie das Dritte Reich dem Mythos gleich als Variante eines Bilderbuchs, als verdaubare Fiktion. Mit dieser Darstellungsform tut der Filmemacher seine Zuneigung gegenüber den Filmen der Geschichte und (fiktionalisierten) Geschichtsschreibungen kund, ohne sie zu naturalisieren oder durch eine realistische Darstellung als ernste oder ‚echte' Form der Geschichtsschreibung zu präsentieren.

4.3 Nivellierung und Kontingenz in A SERIOUS MAN (2009)

A SERIOUS MAN (Coen, USA 2009) erzählt von den Verwirrungen und Verirrungen in Larry Gopniks (Michael Stuhlbarg) Leben: der Familienvater ist Mitglied einer jüdischen Vorstadtgemeinde in Minnesota und alles in seinem Leben scheint einen gewohnt gemächlichen Verlauf zu nehmen – bis Ehefrau Judith (Sari Lennick) plötzlich die Scheidung verlangt und das Haus und die gemeinsamen Kinder für sich und ihren neuen Freund Sy Ableman (Fred Melamed) beansprucht. Larrys schizophrener Bruder Arthur (Richard Kind) macht Probleme, weil diesem eine Verhaftung wegen Glücksspiels droht. Auch Larrys Anstellung am College als Physikprofessor steht auf dem Spiel und von einem Schüler wird er wegen einer Zensur erpresst. Finanzielle Probleme und der Umzug ins *Jolly-Rogers*-Motel erschweren Larrys Leben zusätzlich. Noch schlimmer werden die Geldsorgen, als er zu allem Überfluss die Beerdigung von Sy, dem Liebhaber seiner Ehefrau, bezahlen soll: dieser ist bei einem Autounfall ums Leben gekommen.

Um Rat suchend wendet sich Larry an einen Rabbi. Ein erster Besuch führt ihn zum Junior Rabbi (Simon Helberg), der mit seinem simplen Hinweis, alles wieder wie durch neue Augen zu betrachten, Larrys Probleme grob unterschätzt. Die zweite Sitzung bei Rabbi Nachtner (George Wyner) erweist sich als noch weniger hilfreich: dieser erzählt ihm eine paradoxe Metapher, deren Bedeutung für Larry nicht erschließbar bleibt. Der teure Rat von Senior Rabbi Marshak (Alan Mandell) wird Larry von Freunden und Nachbarn zwar ans Herz gelegt; er erhält trotz verzweifelter Versuche aber keinen Sprechstundentermin („The Rabbi is busy. He is thinking").

Abbildung 87: Auch am Ende von A Serious Man (Coen, USA 2009) bleibt alles ungewiss: Larrys Hausarzt hat eine beunruhigende Nachricht und ein Tornado bewegt sich auf die Siedlung zu.

Erst die Bar Mitzvah von Sohn Danny (Aaron Wolff) muntert Larry etwas auf: nun entschuldigt sich auch seine Frau für die unglücklichen Vorfälle und der junge Danny darf nach dem Gottesdienst für eine Audienz zum Senior Rabbi Marshak. Am College winkt Larry doch noch die Festanstellung – aber gerade, als wieder alles ins Lot gebracht zu sein scheint, erhält er von seinem Hausarzt einen beunruhigenden Anruf: Der Doktor möchte die Testergebnisse einer Routineuntersuchung mit Larry in seiner Praxis diskutieren. Und in der Schlussszene des Films rollt ein beunruhigend großer Tornado auf die Vorstadtsiedlung zu.

Eine durch klassische Filmerzählungen konditionierte Sinnsuche wird in A SERIOUS MAN schon zu Beginn unterwandert – mit einer einführenden Sequenz, die wie eine Metapher anmutet: Vor geraumer Zeit in einem verschneiten polnischen Städtchen kehrt der Ehemann Velvel (Allen Lewis Rickman) abends zu seiner Frau Dora (Yelena Shmulenson) heim und erzählt ihr, dass er einen entfernten Verwandten seiner Frau auf dem Nachhauseweg angetroffen habe. Die Ehefrau ist von dieser Botschaft alles andere als erfreut: da der Typhus-Tod des Verwandten nach Doras Wissen schon drei Jahre zurück liegt, ist sie sich sicher, dass Gott sie verflucht und ihnen einen *dybbuk*, die Seele eines Verstorbenen, zugesandt hat. Auch als der Verwandte Groshkover (Fyvush Finkel) dann selbst in ihrem Türrahmen steht, lässt sich Dora nicht von ihrer Idee abbringen und schlägt ihm einen Eispickel in die Brust. Groshkover blutet aus seiner Wunde, wankt aus dem Haus und verschwindet mit den Worten, er wisse, wann er unerwünscht sei, in die verschneite Nacht.

Abbildung 88-90: A SERIOUS MAN erzählt zu Beginn die Geschichte eines Paares, das in einem polnischen Städtchen vor geraumer Zeit von einem vermeintlichen *dybbuk*, einem bösen Geist, heimgesucht wird. Gleicht dieser Einstieg einer Metapher, erzeugt er aber kaum eine additive Bedeutung für die spätere filmische Handlung.

Auf diese Sequenz, in der nur jiddisch gesprochen wird, nimmt die Haupthandlung des Films nie direkten Bezug – eine Bedeutung des Vorspiels als Metapher für die Haupthandlung liegt nahe. Hat der theoretische Teil dieser Arbeit gezeigt, dass die Metapher sich durch einen additiven Bedeutungsgehalt auszeichnet (vgl. Hutcheon 2005a: 65), scheint dieses Prinzip hier aber ironisch unterwandert: aus den Szenen kann kein klarer Sinn für die Haupterzählung des Films abgeleitet werden. Sie lassen den Zuschauer gar darüber im Dunkeln, ob die Ehefrau ihren Verwandten aus Aberglaube erstochen oder tatsächlich den Fluch eines *dybbuks* abgewehrt hat.

Ähnlich wie die verschiedenen Zeitebenen in THE GRAND BUDAPEST HOTEL ist auch diese Sequenz in einem anderen Bildformat wie der Rest des Films inszeniert. Umso stärker stellt sich ein Kontrast ein, wenn sich bei der darauffolgenden Titelsequenz das Bildformat und die Farbgebung wieder ändert und die Musik der psychedelischen Hippie-Band *Jefferson Airplane* eingespielt wird, deren Klänge die Zuschauer mental in das Amerika der 1960er Jahre transportiert.

Bei Larrys Besuch beim zweiten Rabbi werden anfängliche Verwirrungen der Zuschauer durch die Hauptfigur noch verdoppelt: von Larry nach den Bedeutungen der jüngsten Ereignisse gefragt, erzählt Rabbi Nachtner die zweite scheinbar metaphorische Geschichte dieses Films. Darin findet ein jüdischer Zahnarzt, der auch seinerseits den Seelenbeistand Nachtners beansprucht, in den Zähnen eines *goys*, eines nicht-jüdischen Patienten, die hebräische Innschrift *Help me*, die ohne das Wissen des *goys* an der Innenseite der Zähne eingraviert ist. Nach seiner Entdeckung kann der jüdische Zahnarzt weder Essen noch Schlafen und er fragt sich, was Gott ihm mitteilen möchte. Der Zahnarzt selbst sucht nun Rat bei Rabbi Nachtner, der ihm nur folgenden ernüchternden Rat nahe legen kann: „The teeth, we don't know. A sign from *hashem*? Don't know. Helping others... couldn't hurt." Für Larry bleibt die unklare Auslegung natürlich unbefriedigend. Auf seinen Vorwurf – „It sounds like you don't know anything!" – reagiert Rabbi Nachtner aber zutiefst beleidigt.

Mit seinem Verhalten legt Rabbi Nachtner nahe, dass er mit den Fragen des geplagten Familienvaters überfordert ist. Stattdessen bietet er diesem eine verschlüsselte Geschichte an, die er selbst nicht auslegen kann und an deren Wahrheitsgehalt nicht nur Larry, sondern auch das Filmpublikum, zweifeln mag.

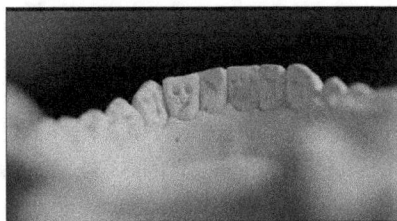 

Abbildung 91-92: Rabbi Nachtner (George Wyner) erzählt in A SERIOUS MAN die Geschichte einer göttlichen Botschaft, die er – zum Leid der Hauptfigur Larry – selbst nicht entschlüsseln kann.

Die ästhetische Umsetzung der erzählten Geschichte unterstützt diese Zweifel: unpassend zum religiösen Gehalt der Metapher ist sie mit einer Jimmy-Hendrix-Hymne der Hippie-Gegenkultur musikalisch untermalt. Der Kontrast, der zwischen Ton- und Handlungsebene produziert wird, evoziert eine uneigentliche Lektüre. Die Sequenz ist streng durchkomponiert; die Gegenwart und die Metapher durchwirken sich auf Bild- und Tonebene ständig gegenseitig. Die Kadrierung kippt, die Kamera osziliert zwischen statischen Detailaufnahmen und traumähnlichen, fließenden Bewegungen. Wie schon in THE GRAND BUDAPEST HOTEL schafft dieser hohe Grad an Stilisierung, der sich von der Ästhetik des restlichen Films abhebt, eine zusätzliche Distanz zum Geschehen. Die Metapher erweckt einen erdachten und formelhaften Eindruck. Der arrogante Rabbi Nachtner scheint sich auch selbst in seiner Rolle als Erzähler und ‚Allwissender' zu gefallen, weshalb er auf Larrys ungemütliches Nachfragen nur abfällig reagiert. Die Art, wie er seine Geschichte erzählt, deutet darauf hin, dass er sie bereits unzählige Male erzählt hat – die Worte, die er spricht, wirken einstudiert, fast so, als wäre diese paradoxe Metapher seine Antwort auf alle Probleme seiner Seelsorge. Bezeichnend für die Charakterisierung Rabbi Nachtners ist auch die darauffolgende Szene, in der die versammelte Vorstadtgemeinde Larrys ehemaligen Konkurrenten Sy Ableman zur letzten Ruhe bettet. Zu offensichtlich beschönigt der Rabbi in seiner dortigen Rede die Charakterzüge Sys und nennt diesen – obwohl Nachtner vom Ehebruch weiß, zu dem Sy Larrys Ehefrau vor seinem Tod verführte – einen ernsthaften Mann (*a serious man*), einen guten Juden. Mit seinem Unwissen und seiner Überheblichkeit wirkt der Rabbi nicht wie eine religiöse Autorität, sondern gerade allzu menschlich.

Ästhetisch erinnern die Inszenierungen im Film an das Konzept des *Smart Cinema* von Jeffrey Sconce (2002). Für den Autor zeichnen sich ironische Filme, die ab den 1990er Jahre entstehen, durch einen genuinen Stil aus: Zwar den Montage-Logiken des klassischen Hollywoods folgend, werden die Bilder von einem sogenannten *blank style* dominiert (vgl. 2002: 359): Dieser zeichnet sich durch einen extensiven Gebrauch von Weitaufnahmen und statische Kompositionen aus (Sconce 2002: 359). Die Ästhetik „projects an illusion of authorial blankness and cultivates a sense of distance in the audience. While still representing classical space and time, this strategy often desintensifies continuity into a series of static tableaux" (2002: 360).

Auch die Audienz des jungen Danny beim Senior Rabbi Marshak gegen Ende von A SERIOUS MAN folgt auf der bildlogischen Ebene diesem Inszenierungsstil – und durchbricht inhaltslogisch die Kongruenzerwartungen. Das Studienzimmer Marshaks, in dem dunkle Farben vorherrschen und das mit allen Zeichen angereichert ist, die auf einen Gelehrten verweisen, intensiviert die Erwartungshaltung an den Rat des Senior Rabbis. Ehrfürchtig durchgeht Danny – der in dieser Szene ganz im Geiste der 1960er Jahre noch unter dem Einfluss seines vorangehenden Marihuana-Konsums steht – an eingelegten Insekten, Tierschädeln, Weltkarten und düsteren Gemälden vorbei den Raum. Die extradiegetische, klassische Musik begleitet dies mit andächtigen, feierlichen Klängen. Die Gegenstände wirken nicht wie eine realistische Ansammlung, sondern sind drapiert wie in gemalten Stillleben. Die filmische Darstellung verklärt den Senior Rabbi ihrerseits zum Gemäldesujet, wenn er – im Gegensatz zu den fließenden Kamerabewegungen – mit seinem biblischen Alter scheinbar leblos und mit göttergleicher Aura dasitzt. Danny, der auf dem übergroßen Lederstuhl vor ihm Platz nimmt, wird im Angesicht dessen zum verschüchterten Kind.

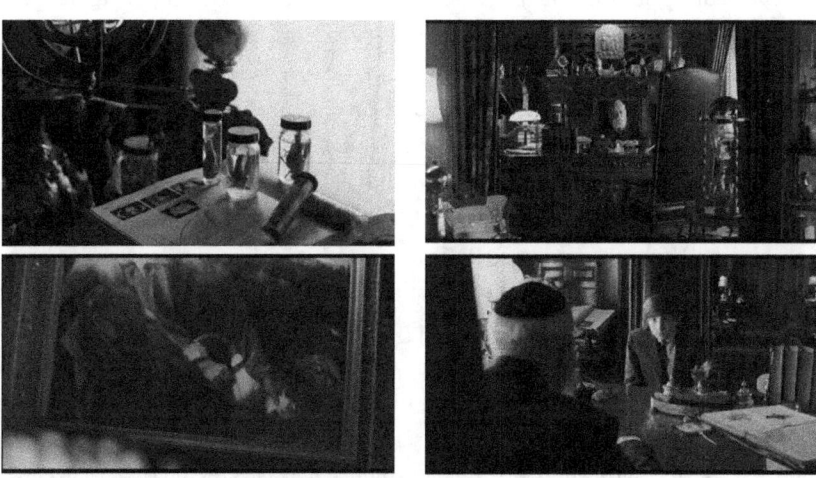

Abbildung 93-96: Die Darstellung des Senior Rabbi Marshaks (Alan Mandell) vereint alle Zeichen eines Gelehrten. Umso mehr werden die Kongruenzerwartungen durchbrochen, wenn er den Liedtext der psychedelischen Gegenkultur-Band *Jefferson Airplane* zitiert.

Nachdem der ganze Film schon Fragen nach dem Sinn des Lebens und Gottes Willen aufgeworfen hat, schürt auch diese Inszenierung hohe Erwartungen an die Empfehlungen des Senior Rabbis. Diese Hoffnungen werden aber zugleich ironisch unterwandert: Anstelle religiöser Worte zitiert der weise Marshak zum Erstaunen von

Danny ausgerechnet den Song „Somebody to Love" von *Jefferson Airplane*, während er Danny das Transistorradio zurück gibt, das ihm einige Wochen zuvor während der Hebräischstunde abgenommen wurde. Mit krächzender Stimme lehrt der Rabbi also: „When the truth is found to be lies, and all the hope within you dies – then what?" Anschließend entlässt er den Knaben wieder mit dem allgemeingültigen Zuspruch: „Be a good boy."
Das bildlich und akustisch inszenierte Pathos wird mit dem Rockband-Zitat unterwandert – alle Erwartungen an den Rabbi werden zerstreut. Und weil die Fabel um Larry nach der metaphorischen Einführung schon zu den Klängen von „Somebody to Love" einsetzte, scheint sich die Erzählung von A SERIOUS MAN im Kreis zu drehen: hier enden Filmfiguren und Zuschauer am gleichen (akustischen) Ort, wo sie zum Filmbeginn angesetzt hatten. So untergräbt die Coen-Fabel in ironischer Manier jede Form von Erwartung an plausible und stringente Filmhandlungen, so wie sie Larrys Erwartungen an klare Erklärungen seines Schicksals konterkariert. Diese Wendung der Erzählung erinnert erneut an Sconces Beschreibung des postmodernen *Smart Cinema* – ein genuin ironisches Kino. Es zeichnet sich nicht nur durch einen *blank style* auf bildlogischer Ebene aus, sondern erzählt mit Vorlieben von der Unvorhersehbarkeit des Schicksals – „a narrative (and philosophical) belief in a logic of the random" (Sconce 2002: 364). Unerwartete und fatalistische Wendungen ersetzen in diesen Filmen die Erzähllogik klassischer Filme.
A SERIOUS MAN persifliert kaum den jüdischen Glauben – viel eher thematisiert er die weltliche Verhandlung dieser Religion – „and its communal leaders" (Abrams 2012: 153). Er stellt Religion als durchtränkt mit Regulationen, Hierarchien und Machtgefügen aus – als menschlich institutionalisiert und kontingent. Der Glaube an Gott gilt in der Gemeinschaft um Larry als unabdinglich. Das macht die Ironie in A SERIOUS MAN zur metadiskursiven, weil sie zur Aussage über die Kontingenz religiöser Diskurse wird. Auf einer ironischen Ebene stellt der Film also kaum Fragen nach der Existenz von Gott, sondern führt einen Diskurs über den Diskurs – über allzu menschliche Definitionsprozesse. Religion wird auf der Ebene einer kontingenten Konstruktion verhandelt und somit ‚vermenschlicht'.
Anders als auf einer vornehmlich hypertextuellen Ebene (WILD AT HEART) oder auf der stilistischen Ebene (THE GRAND BUDAPEST HOTEL) entfaltet A SERIOUS MAN seine Ironie also hauptsächlich inhaltslogisch. Sind die Unstimmigkeiten formal durch einen ausgestellten ‚*blank style*' und ironische Kontraste zwischen Bild, Ton und Handlung bereits angedeutet, durchbricht dieser Coen-Film die Erwartungen

des Zuschauers besonders mit der im Bild präsentierten Handlung: das Verhalten religiöser Autoritäten widerlegt Kongruenzerwartungen – ihre vermeintliche Erhabenheit wird mit Ironie unterwandert. Der offene Schluss untergräbt die Hoffnung auf ein klassisches Hollywood-Ende und spielt ironisch mit den Mustern fiktionaler Diskurse. Und das Zitat von Rabbi Marshak – „when the truth is found to be lies" – wird so zum künstlerischen Ausdruck der Kontingenzerfahrung mit nivellierender Aussage. Es führt vor Augen, dass die geistlichen Autoritäten kaum über ein gültigeres Vokabular verfügen als *Jefferson Airplane*: die Rabbis in einer postmodernen, kontingenten Filmwelt können ironischerweise nichts vermitteln, was die Gegenkultur-Musik der 1960er Jahre nicht bereits vorweg genommen hätte.

5 Fazit: Spielformen filmischer Ironie

Das meine Arbeit leitende Interesse habe ich eingangs so umrissen:

> Da das Konzept der Ironie ein pragmatisches Spektrum unterschiedlichster Nuancierungen in sich vereint, existieren auch für den Film verschiedene Spielformen der Ironie. Diese können auf mehreren Ebenen angelegt sein und auf unterschiedlich ausgeprägte Relationen zwischen Mitgeteiltem, dem eigentlich Gemeinten und auf Werthaltungen zurückgeführt werden.

Die Ausführungen zu Definitionen, Dimensionen und Fallbeispielen haben gezeigt, dass sich das Konzept der Ironie in unterschiedlichen Formen ausdifferenzieren lässt – in verschiedensten Nuancierungen durchzieht es die Filmgeschichte als komplexe und zugleich subtile Kommunikationsform.

Unterschiedliche Begriffsdefinitionen vereinen Ideen, die mit der Bezeichnung ‚Ironie' gefasst und durch eine Familienähnlichkeit zusammengehalten werden. In ihrer einfachsten Definition bezeichnet Ironie einen sprachbasierten Tropus, bei dem etwas gesagt und das Gegenteil davon gemeint wird. Diese Verkehrung von Bedeutetem und Gemeintem kann auf die rhetorischen Mittel des Films übertragen werden: Ein ironisch erzählendes Werk teilt oberflächlich etwas mit, während es gleichzeitig weitere, differente Sinngehalte assoziiert. Ironie kann aber auch pragmatisch beschrieben werden, denn an die polyseme Struktur des doppelten Bedeutens knüpft sich stets eine evaluative Haltung: uneigentliche Äußerungen kommunizieren nicht nur, sondern sie kommentieren zugleich. Ironie in ihrer pragmatischen Dimension zu fassen bietet auch Anlass, über ironische Rezeptionsmodi nachzudenken. Booth (1974: 11) und Hutcheon (2005a: 18) gestehen nicht nur dem Autor oder der Regisseurin, sondern auch den Zuschauern bewusstes Dechiffrieren zu. Auch deren Ironie-Verstehen ist intentionell, die selbständige Medienaneignung wird aber durch die Zuschreibung einer Autorinnen-Intention, durch diskursive Gemeinschaften und kontextuelles Wissen beeinflusst. An dieser Stelle eröffnet sich bereits ein mögliches Spektrum filmischer Ironie: So kann sie durch einen filmischen Text intendiert sein oder aber durch einen Rezipienten – sogar entgegen möglicher Absichten des Autors – in der Rezeptionshaltung erst konstruiert werden.

Ironie kann sich ebenso als Geisteshaltung in einen Film einschreiben. Dann sind es nicht mehr nur einzelne Äußerungen, sondern ganze Werke, die ‚den Hauch der Ironie atmen' (vgl. Behler 1997: 40). In den 1980er Jahren fasst der Sprachphilosoph Richard Rorty (2012) Ironie als Ausdruck des grundlegenden Zweifels an Wahrheit und positivistischem Wissen. Eine Ironikerin ist sich nach Rorty der Kontingenz aller Diskurse bewusst (vgl. 2012: 14). An dieses theoretische Konzept kann A SERIOUS MAN (Coen, USA 2009) anknüpfen, der als Fallbeispiel analysiert wurde. Wenn am Ende des Films nämlich die oberste religiöse Autorität der jüdischen Vorstadtgemeinde die Gegenkultur-Band *Jefferson Airplane* zitiert, wird dies zum künstlerischer Ausdruck des Kontingenzgedankens: Das Ironische wird zum Metadiskursiven und verweist auf die Kontingenz aller Diskurse – und darauf, dass kaum ein Vokabular mehr Anspruch auf Gültigkeit hat als ein anderes.

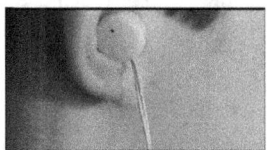  

Abbildung 97-99: In A SERIOUS MAN (Coen, USA 2009) vermitteln die religiösen Autoritäten keine Weisheiten, die Danny (Aaron Wolff) nicht schon aus den Songtexten seiner Lieblingsband *Jefferson Airplane* kennt.

Insgesamt ging es mir darum zu zeigen, dass sich Ironie *in unterschiedlichen Formen im (filmischen) Text manifestiert*. So ist sie zunächst auf zwei Ebenen auszumachen: Ein Film kann eine ironische Situation in seiner diegetischen Welt abbilden oder er wird selbst zum uneigentlichen Teil einer ironischen Äußerung und die vermittelte Ironie zum Modus der Film-Zuschauer-Beziehung (vgl. Wulff 1999: 261). Beide Formen finden sich in THE BIG LEBOWSKI (Coen, USA 1998) wieder. Wenn der Protagonist ‚The Dude' Lebowski (Jeff Bridges) seine Bowlingkugel als Golfball bezeichnet, wird die ironische Aussage zum Bestandteil der abgebildeten diegetischen Welt. Wenn THE BIG LEBOWSKI durch intertextuelle Anleihen seine filmhistorischen Vorgänger assoziiert, wird der Film wiederum selbst zum uneigentlichen Element der polysemen Konstruktion – um eine ironische Wirkung zu erzielen, müssen die intertextuellen Anleihen vom Zuschauer erkannt und dechiffriert werden. Auch kann Ironie stabil oder weniger stabil sein (vgl. Booth 1974: 20). Die eigentliche Bedeutung kann der uneigentlichen im ersten Fall fix zugeordnet sein, oder sie tritt in einer instabilen Form auf, wobei sie nicht mehr schlicht ‚desambiguisiert' werden kann, sondern eine Vielzahl an Bedeutungszuschreibungen zulässt. Filmische Ironie, die sich – wie in THE BIG LEBOWSKI – aus dem Spiel mit intertextuellen Übernahmen ergibt, sagt nicht nur etwas über die filmischen Vorgänger aus. Oft wird in ihr die „Geschichte des Repräsentations- und Mitteilungswesens" (Wulff 1999: 257) selbst zum Gegenstand.

Es sind vielmals Verschiebungen in der Bedeutung, die eine ironische Lektüre der filmischen Pastiches und Parodien nahelegen. Eine solche Differenz produziert sich auch in WILD AT HEART (Lynch, USA 1990), wenn Sailor (Nicolas Cage) darauf besteht, dass seine Schlangenlederjacke das Zeichen seiner Individualität ist. Hier stellt sich die ironische Bedeutung für jene Zuschauer ein, die Marlon Brandos Figur aus THE FUGITIVE KIND (Lumet, USA 1960) kennen – Brando trägt dort das genau gleiche Modell. So verdeutlicht das Replikat dreißig Jahre später nicht wirklich Sailors Individualität, sondern macht ihn vielmehr zum Träger eines kinematographischen Mythos'.

Abbildung 100-101: Die Lederjacke von Sailor (Nicolas Cage) in WILD AT HEART (Lynch, USA 1990) verweist ironisch auf konventionell gewordene Zeichen im postmodernen Zeitalter.

Gezeigt werden sollte überdies, dass filmische Ironie *unterschiedliche Funktionen* wahrnehmen kann. Was ihre evaluative Haltung betrifft, so erscheinen ironische Aussagen mit verschiedensten Nuancierungen: DR. STRANGELOVE OR: HOW I LEARNED TO STOP WORRYING AND LOVE THE BOMB (Kubrick, GB/USA 1964), FUNNY GAMES (Haneke, AT 1997) und M*A*S*H (Altman, USA 1969) wurden hier als Beispiele für eine kritische Ironie angeführt. Mit ihrer polysemen Bedeutungsstruktur erzählen alle drei Filme auf der Oberfläche eine Geschichte, während sie weitere Sinngehalte mittransportieren, die eine kritische Haltung gegenüber Kriegsgeschehnissen, dem Handeln der politischen und militärischen Elite oder dem medialen Abbild von Gewalt vermuten lassen. Mittels Parodie, Satire, Absurdität und Metalepse deuten sich die ironischen Sinngehalte auf der Oberfläche des Mitgeteilten an. FARGO (Coen, USA 1996), THE BIG LEBOWSKI (Coen, USA 1998) und HIGH ANXIETY (Brooks, USA 1977) dienten mir in dieser Arbeit wiederum als Beispiele für milde Formen der Ironie. Intertextuelle Verweise, Selbstreflexivität,

Referentialität und komödiantische Effekte setzen das Geschehen in ironische Distanz. Hier zeigt sich die filmische Ironie nicht mehr als Instrument scharfzüngiger Kritik sondern als Mittel des spielerischen Umgangs mit der eigenen Medialität und Mediengeschichte. Die letzten drei Beispiele sind auch dem postmodernen Zeitgeist zuzurechnen. Hier scheint Ironie in ihrer doppelcodierten Variante auf, wobei die Erzählung – auch ohne ironische Dechiffrierung – unmittelbar konsumier- und genießbar ist. Die Feststellung, dass sich Ironie im Prozess der Demystifizierung als Werkzeug der Wahl erweist, schloss den Theorieteil meiner Arbeit ab. Strukturell verwandt – sowohl Ironie als auch der Mythos zeichnen sich durch eine sekundäre Bedeutungsstufe aus – eignet sich Ironie im Modernistischen zum aufzeigen und demontieren der Mythen unserer Massenkultur. Im postmodernen Kino wird Ironie dann zum Ausdruck eines erschöpften Innovationsgedankens, sie reanimiert gängige Formeln und emanzipiert sich zugleich von ihnen. Diese doppelte Funktion wird im Fallbeispiel THE GRAND BUDAPEST HOTEL (Anderson, USA/DE 2014) zum Prinzip gemacht: stereotype Vorstellungen Europas werden durch ostentative Künstlichkeit ausgestellt und gleichzeitig in eine fantastische Erzählung integriert und als Mythos vergangener (Film-)Kultur zum Faszinosum gemacht.

Abbildung 102-104: In THE GRAND BUDAPEST HOTEL (Anderson, USA/DE 2014) wird zeichenhaft auf ein stereotypes Europa verwiesen.

Anstoß zu dieser Arbeit gab der Umstand, dass der Ironie-Begriff in der Filmtheorie erst selten beschrieben wurde. Das Ziel war, ‚Ironie' für filmische Analysen sinnvoll herzuleiten und zu systematisieren. Weil an dieser Stelle also notwendigerweise Grundlagenforschung betrieben werden musste, blieben einige eingehendere Analysen noch unangetastet, weshalb an dieser Stelle nun ein kurzer Ausblick auf mögliche Folgeanalysen folgt:
Während zur Ironie in postmodernen Werken drei ausführliche Analysen gemacht wurden, blieb die Funktion von Ironie für das klassische und modernistische Filmschaffen im Theorieteil angedeutet. Es wäre daher interessant, unterschiedliche Methoden der ironischen Demontage und Demystifizierung in modernistischen Wer-

ken zu erfassen. Dass auch klassische Hollywood-Filme das ironische Register anzuschlagen vermochten, zeigt die Besprechung des Beispiels aus SINGIN' IN THE RAIN (Kelly/Donan, USA 1953) im dritten Kapitel. Hier wurde mit Schweinitz (2006: 122) und Merker (2013: 338) angedeutet, dass ironische Aussagen nicht zwingend destruktiv gegenüber den Mythen Hollywoods wirken, sondern die Immersion sogar vertiefen und die Filmproduktion verklären können. Ob das für alle klassischen Filmwerke mit ironischer Tonart gilt oder ob auch hier ein breiter gefächertes, pragmatisches Spektrum existiert, wäre die Aufgabestellung weiterführender Forschung.

Mit der Erwähnung von Mel Brooks' Filmen einerseits und Oliver Stones NATURAL BORN KILLERS (USA 1994) anderseits sollte hier bereits angedeutet werden, dass auch für den Film eine große Bandbreite affektiver Aufladungen von Ironie existiert – in diesem Fall vom Humoristischen zum Zynischen. Eine genaue Untersuchung der angesprochenen Wechselwirkung zwischen Humor und Ironie im Film bleibt allerdings noch zu leisten.

Ebenso könnte die politische Funktion von Ironie eingehender analysiert werden. Wie das dritte Kapitel aufzeigt, bietet Ironie sich zum *revisionist mythmaking* (vgl. Ostriker 1986: 11, zit. nach Hutcheon 2005a: 32) an, da sie subversive Qualitäten besitzen kann. Entgeht dem Rezipienten hingegen die Ironie, stellt sich ein einseitiger, konservativer Effekt der polysemen Doppelstruktur ein: an ihrer Oberfläche ist die Mitteilung dann lediglich die Reanimation dominanter Diskurse und standardisierter Mythen. Wie sich Ironie und ironische Rezeption im Spannungsfeld zwischen Reanimation und Demontage im Politischen filmisch verhält, wäre mithin ein spannender Gegenstand künftiger Untersuchungen.

Weitere Forschung im Bereich der filmischen Ironie erscheint mir angezeigt, da sie als subtile und effiziente Mitteilungsform dem Publikum nicht nur simultan mehrere Bedeutungsebenen, Geisteshaltungen und Attitüden vermitteln kann, sondern insbesondere auch, weil sie als komplexer Rezeptionsmodus – unabhängig von der ursprünglichen Intention – neue rezeptive Zugänge ermöglicht. Dies macht Ironie auch für den Film zu einem vielschichtigen, wirkungsvollen und zugleich schillernden Kommunikationsmodus, an dem sich – mit Blick auf vielfältige filmhistorische Gegenstände – noch unbekannte und immer neue Facetten entdecken lassen.

6 Filmverzeichnis

6.1 Fallbeispiele

THE GRAND BUDAPEST HOTEL (Wes Anderson, USA/DE 2014)
DVD: 20th Century Fox

A SERIOUS MAN (Ethan und Joel Coen, USA 2009)
DVD: Tobis

WILD AT HEART (David Lynch, USA 1990)
DVD: Universal

6.2 Weitere Beispiele (im Text erwähnt)

42ND STREET (Lloyd Bacon, USA 1933)

ALL ABOUT EVE (Joseph L. Mankiewicz, USA 1950)

ALL THAT HEAVEN ALLOWS (Douglas Sirk, USA 1955)

AN AMERICAN WEREWOLF IN LONDON (John Landis, USA 1981)

BARRY LYNDON (Stanley Kubrick, GB 1975)

THE BIG LEBOWSKI (Ethan und Joel Coen, USA 1998)

THE BIG SLEEP (Howard Hawks, USA 1946)

THE BIRDS (Alfred Hitchcock, USA 1963)

BLOW OUT (Brian de Palma, USA 1981)

BLOW UP (Michelangelo Antonioni, GB 1966)

BLUE VELVET (David Lynch, USA 1986)

CASABLANCA (Michael Curtiz, USA 1942)

DR. STRANGELOVE OR: HOW I LEARNED TO STOP WORRYING AND LOVE THE BOMB (Stanley Kubrick, GB/USA 1964)

DUCK SOUP (Leo McCarey, USA 1933)

E.T. THE EXTRA-TERRESTRIAL (Steven Spielberg, USA 1982)

THE ELEPHANT MAN (David Lynch, USA 1980)

ERASERHEAD (David Lynch, USA 1977)

THE FABULOUS BAKER BOYS (Steven Kloves, USA 1989)

FARGO (Ethan und Joel Coen, USA 1996)

THE FEARLESS VAMPIRE KILLERS (Roman Polanski, GB 1967)

THE FUGITIVE KIND (Sidney Lumet, USA 1960)

FUNNY GAMES (Michael Haneke, A 1997)

GLEN OR GLENDA (Ed Wood, USA 1953)

GOLD DIGGERS OF 1933 (Mervyn LeRoy, USA 1933)

GRAND HOTEL (Edmund Goulding, USA 1932)

HALLOWEEN (John Carpenter, USA 1978)

HIGH ANXIETY (Mel Brooks, USA 1977)

HIS GIRL FRIDAY (Howard Hawks, USA 1940)

THE HORROR OF PARTY BEACH (Del Tenney, USA 1964)

I LOVE LUCY (TV-Serie, USA 1951-1957)

INGLOURIOUS BASTERDS (Quentin Tarantino, USA 2009)

THE LADY FROM SHANGHAI (Orson Welles, USA 1947)

M*A*S*H (Robert Altman, USA 1969)

THE MAN WHO WASN'T THERE (Ethan und Joel Coen, USA 2001)

MIDNIGHT COWBOY (John Schlesinger, USA 1969)

MODERN TIMES (Charlie Chaplin, USA 1936)

MONDO CANE (Guialtiero Ciacopetti, IT 1962)

NATURAL BORN KILLERS (Oliver Stone, USA 1994)

O Brother, Where Art Thou? (Ethan und Joel Coen, USA 2000)

Obsession (Brian De Palma, USA 1976)

Once upon a Time in the West (Sergio Leone, USA/IT 1968)

The Postman always Rings Twice (Tay Garnett, USA 1946)

Psycho (Alfred Hitchcock, USA 1960)

The Purple Rose of Cairo (Woody Allen, USA 1985)

Rebel without a Cause (Nicholas Ray, USA 1955)

La Règle du Jeu (Jean Renoir, FR 1939)

Scream (Wes Craven, USA 1996)

Scream 2 (Wes Craven, USA 1997)

The Shining (Stanley Kubrick, USA 1980)

Singin' in the Rain (Gene Kelly/Stanley Donan USA 1953)

Spaceballs (Mel Brooks, USA 1987)

A Star is Born (George Cukor, USA 1954)

Star Wars, Episode IV, V, VI (George Lucas, USA 1977-1983)

Sunset Boulevard (Billy Wilder, USA 1950)

Sylvia Scarlett (George Cukor, USA 1935)

Take the Money and Run (Woody Allen, USA 1969)

The Thirty-Nine Steps (Alfred Hitchcock, GB 1935)

Torn Curtain (Alfred Hitchcock, USA 1966)

Trouble in Paradise (Ernst Lubitsch, USA 1932)

Tystnaden (Das Schweigen, Ingmar Bergman, SWE 1963)

The War of the Roses (Danny DeVito, USA 1989)

Wayne's World (Penelope Spheeris, USA 1992)

The Wiz (Sidney Lumet, USA 1978)

THE WIZARD OF OZ (Viktor Fleming, USA 1939)

7 Literaturangaben

Abrams, Nathan (2012): The New Jew in Film. Exploring Jewishness and Judaism in Contemporary Cinema. New York: I. B. Tauris.

Amann, Caroline (2011): Doppelkodierung. In: Filmlexikon Uni Kiel. http://filmlexikon.uni-kiel.de/index.php?action=lexikon&tag=det&id=5589. Aufgerufen am 12.6.2014.

Atkinson, Nathalie (2014): Think pink! Production designer Adam Stockhausen takes us on an exclusive behind-the-scenes tour of Wes Anderson's Grand Budapest Hotel. In: National Post online. http://arts.nationalpost.com/tag/the-grand-budapest-hotel/. Aufgerufen am 14.7.2014.

Barthes, Roland (1964): Mythen des Alltags [1957]. Aus dem Französischen von Helmut Scheffel. Frankfurt am Main: Suhrkamp.

Barthes, Roland (2000): Der Tod des Autors [1967]. In: Jannidis, Fotis (Hg.): Texte zur Theorie der Autorschaft. Stuttgart: Reclam. S. 185-193.

Beach, Christopher (2002): A Troubled Paradise. Utopia und Transgression in Comedies of the Early 1930s. In: ders.: Class, Language, and American Film Comedy. Cambridge: Cambridge University Press. S. 17-46.

Behler, Ernst (1996): Ironie/Humor. In: Rikfels, Ulfert (Hg.): Fischer Lexikon Literatur. Bd. 2. Frankfurt am Main: Fischer. S. 810-841.

Behler, Ernst (1997): Ironie und literarische Moderne. Paderborn: Verlag Ferdinand Schöningh.

Bleicher, Joan Kristin (2002): Zurück in die Zukunft. Formen intertextueller Selbstreferentialität im postmodernen Film. In: Jens Eder (Hg.): Oberflächenrausch. Postmoderne und Postklassik im Kino der 90er Jahre. Münster: LIT. (Beiträge zur Medienästhetik und Mediengeschichte; Bd. 12). S. 113-132.

Booth, Wayne C. (1974): A Rhetoric of Irony. Chicago: The University of Chicago Press.

Bordwell, David (1985): Narration in the Fiction Film. Wisconsin: The University of Wisconsin Press.

Brunner, Philipp (2012): Ambiguität. In: Filmlexikon Uni Kiel. http://filmlexikon.uni-kiel.de/index.php?action=lexikon&tag=det&id=2078. Aufgerufen am 15.6.2014.

Brunner, Philipp/Meyer, Heinz-Hermann (2012): Satire. In: Filmlexikon Uni Kiel. http://filmlexikon.uni-kiel.de/index.php?action=lexikon&tag=det&id=3106. Aufgerufen am 18.4.2014.

Bühler, Dominique/Kessler, Frank/Tröhler, Margrit (1999): Film als Text. Theorie und Praxis der „analyse textuelle". In: montage/av (Berlin) 1/8. S. 3-7.

Chambers, Ross (1990): Irony and the Canon. In: Profession 1/14. S. 18-24.

Colebrook, Claire (2004): Irony. London: Routledge.

Currie, Gregory (2010): Dis-Interpretation. In: ders.: Narratives and Narrators. A Philosophy of Stories. Oxford: Oxford University Press. S. 167-185.

Degli-Esposti, Cristina (1998): Postmodernism(s). In: dies. (Hg.): Postmodernism in the Cinema. New York: Berghahn Books. S. 3-18.

Distelmeyer, Jan (2002): Die Tiefe der Oberfläche. Bewegungen auf dem Spielfeld des postklassischen Hollywood-Kinos. In: Jens Eder (Hg.): Oberflächenrausch. Postmoderne und Postklassik im Kino der 90er Jahre. Münster: LIT. (Beiträge zur Medienästhetik und Mediengeschichte; Bd. 12). S. 63-95.

Düring, Marten (2012): Roland Barthes, Mythologies. In: Leggewie, Claus et al. (Hg.): Schlüsselwerke der Kulturwissenschaften. Bielefeld: Transcript. S. 81-83.

Dyer, Richard (2007): Pastiche. New York: Routledge.

Eco, Umberto (1988): Postmodernismus, Ironie und Vergnügen. In: Welsch, Wolfgang (Hg.): Wege aus der Moderne. Schlüsseltexte der Postmoderne-Diskussion. Weinheim: Acta Humoria. S. 75-78.

Eco, Umberto (2012a): Casablanca oder die Wiedergeburt der Götter [1985]. In: Felix, Jürgen (Hg.): Die Postmoderne im Kino: ein Reader. Marburg: Schüren. S. 11-15.

Eco, Umberto (2012b): Das offene Kunstwerk [1977]. Aus dem Italienischen von Günter Memmert. Frankfurt am Main: Suhrkamp.

Eder, Jens (2002): Die Postmoderne im Kino. Entwicklungen im Spielfilm der 90er Jahre. In: ders.: Oberflächenrausch. Postmoderne und Postklassik im Kino der 90er Jahre. Münster: LIT. (Beiträge zur Medienästhetik und Mediengeschichte; Bd. 12). S. 9-61.

Felix, Jürgen (1996): Postmoderne Permutationen. Vorschläge zu einer ‚erweiterten' Filmgeschichte. In: Medienwissenschaften 4/12. S. 400-410.

Felix, Jürgen (1998): Diva. In: Koebener, Thomas (Hg.): Filmklassiker. Schreibung und Kommentare. Band 3. Stuttgart: Reclam. S. 540-544.

Freeland, Cynthia A. (1999): The Sublime in Cinema. In: Plantinga, Carl/Smith, Greg. M. (Hg.): Passionate Views. Film, Cognition, and Emotion. Baltimore: Johns Hopkins University Press. S. 65-83.

Frye, Northrop (1964): Analyse der Literaturkritik. Aus dem Amerikanischen von Edgar Lohner und Henning Clewing. Stuttgart: Kohlhammer.

Genette, Gérard (1993): Palimpseste. Die Literatur auf zweiter Stufe [1982]. Aus dem Französischen von Wolfram Bayer und Dieter Hornig. Frankfurt am Main: Suhrkamp.

Genette, Gérard (1994): Die Erzählung. München: Fink.

Grob, Norbert/Bronfen, Elisabeth (2013): Classical Hollywood. Stuttgart: Reclam.

Grundmann, Roy/Bender, Theo (2012): Blaxploitation. In: Filmlexikon Uni Kiel. http://filmlexikon.uni-kiel.de/index.php?action=lexikon&tag=det&id=90. Aufgerufen am 22.7.2014.

Harrington, John (1973): The Rhetoric of Film. New York: Holt, Rinehart and Winston.

Hassan, Ihab (1988): Postmoderne heute. In: Welsch, Wolfgang (Hg.): Wege aus der Moderne. Schlüsseltexte der Postmoderne-Diskussion. Weinheim: Acta Humoria. S. 47-57.

Hoberman, J./Rosenberg, Jonathan (1983): Midnight Movies. New York: Da Capo.

Höltgen, Stefan (2012): Selbstreferenz. In: Filmlexikon Uni Kiel. http://filmlexikon.uni-kiel.de/index.php?action=lexikon&tag=det&id=5167. Aufgerufen am 20.7.2014.

Hutcheon, Linda (1997): Postmodern Film? In: Brooker, Peter/Brooker, Will (Hg.): Postmodern after-images. A Reader in Film, Television and Video. London: Arnold. S. 36-42

Hutcheon, Linda (2000): A Theory of Parody. The Teachings of Twentieth-Century Art Forms [1985]. Urbana: University of Illinois Press.

Hutcheon, Linda (2005a): Irony's Edge. The Theory and Politics of Irony [1994]. London: Routledge.

Hutcheon, Linda (2005b): A Poetics of Postmodernism. History, Theory, Fiction [1988]. New York: Routledge.

Jameson, Frederic (1993): Postmodernism, or, The Cultural Logic of Late Capitalism [1984]. London: Verso.

Kaczmarek, Ludger (2012a): Polysemie. In: Filmlexikon Uni Kiel. http://filmlexikon.uni-kiel.de/index.php?action=lexikon&tag=det&id=2095. Aufgerufen am 12.6.2014.

Kaczmarek, Ludger (2012b): Ironie: dramatische Ironie. In: Filmlexikon Uni Kiel. http://filmlexikon.uni-kiel.de/index.php?action=lexikon&tag=det&id=1841. Aufgerufen am 15.6.2014.

Kael, Pauline (1994): For Keeps. 30 Years at the Movies. New York: Plume.

King, Geoff (2002): Satire and Parody. In: ders.: Film Comedy. London: Wallflower Press. S. 93-128.

Klepper, Martin (2008): Mit den Coen Brothers auf der Bowlingbahn: THE BIG LEBOWSKI. In: Glasenapp, Jörn/Lillge, Claudia (Hg.): Die Filmkomödie der Gegenwart. Paderborn: Wilhelm Fink. S. 109-124.

Kozloff, Sarah (1988): Irony in Voice-Over Films. In: dies.: Invisible Storytellers. Voice-Over Narration in American Fiction Film. Berkeley: University of California Press. S. 102-126.

Kulle, Daniel (2012): Ed Wood. Trash & Ironie. Berlin: Bertz + Fischer.

Mathijs, Ernest/Sexton, Jamie (2011): Cult Cinema. An Introduction. Malden: Wiley-Blackwell.

Merker, Helmut (2013): Du sollst mein Glücksstern sein – Singin' in the Rain. In: Bronfen, Elisabeth/Grob, Norbert: Classical Hollywood. Stuttgart: Reclam. S. 331-341.

Mitchell-Kernan, Claudia (1990): Signifying. In: Dundes, Alan (Hg.): Mother Wit from the Laughing Barrel. Readings in the Interpretation of Afro-American Folklore. New Jersey: Prentice Hall. S. 310-328.

Murphy, Mekado (2014): You Can Look, but You Can't Check In. The Miniature Model Behind ‚The Grand Budapest Hotel'. In: The New York Times online. http://www.nytimes.com/2014/03/02/movies/the-miniature-model-behind-the-grand-budapest-hotel.html?_r=0. Aufgerufen am 13.6.2014

Ostriker, Alicia Suskin (1986): Stealing the Language. The Emergence of Women's Poetry in America. Boston: Beacon Press.

Pavlounis, Dimitrios (2012): Sincerely Celebrating Failure. Tommy Wiseau's The Room and the Search for Sincerity. In: Spectator 32/1. S. 24-30.

Ray, Robert (1984): A Certain Tendency of the Hollywood Cinema. Princeton: Princeton University Press.

Rorty, Richard (2012): Kontingenz, Ironie und Solidarität [1989]. Frankfurt am Main: Suhrkamp.

Schreckenberg, Ernst (1998): Stakkatostösse, Kugelklacken – Von The Hustler zu The Color of Money, von der klassischen zur postmodernen Inszenierung. In: Rost, Andrea/Sandbothe, Mike (Hg.): Die Filmgespenster der Postmoderne. Frankfurt am Main: Verlag der Autoren. S. 55-62.

Schweinitz, Jörg (1994): ‚Genre' und lebendiges Genrebewusstsein. Geschichte eines Begriffs und Probleme seiner Konzeptualisierung in der Filmwissenschaft. In: montage/av (Berlin) 3/2. S. 99-118.

Schweinitz, Jörg (2002): Von Filmgenres, Hybridformen und goldenen Nägeln. In: Sellmer, Jan/Wulff, Hans J. (Hg.): Film und Psychologie – nach der kognitiven Phase? Marburg: Schüren. S. 79-92.

Schweinitz, Jörg (2006): Film und Stereotyp. Eine Herausforderung für das Kino und die Filmtheorie. Zur Geschichte eines Mediendiskurses. Berlin: Akademie.

Sconce, Jeffrey (1995): Trashing the Academy: Taste, Excess, and an Emerging Politics of Cinematic Style. In: Screen 36/4. S. 371-393.

Sconce, Jeffrey (2002): Irony, Nihilism and the New American ‚Smart' Film: In: Screen 43/. S. 349-369.

Seeßlen, Georg (2000): Verletzungen. Auf Spurensuche in Coen Country. In: Körte, Peter/Seeßlen, Georg (Hg.): Joel & Ethan Coen. Berlin: Bertz. S. 229-298.

Seesslen, Georg (2003): Diesseits des Regenbogens: WILD AT HEART. In: ders.: David Lynch und seine Filme. Marburg: Schüren Verlag. S. 102-111.

Sontag, Susan (1991): Anmerkungen zu Camp [1964]. In: dies. (Hg.): Kunst und Antikunst. 24 literarische Analysen. Frankfurt am Main: Fischer Taschenbuch Verlag. S. 322-341.

Staiger, Janet (2000): Perverse Spectators. The Practices of Film Reception. New York: New York University Press.

Strain, Ellen (1998): E. M. Forster's Anti-Touristic Tourism and the Sightseeing Gaze of Cinema. In: Degli-Esposti, Cristina (Hg.): Postmodernism in the Cinema. New York: Berghahn Books. S. 146-166.

Teichman, Bernd (2014): Wes Anderson im Interview. In: Stern online. http://www.stern.de/kultur/tv/wes-anderson-im-interview-die-deutsche-bahn-hat-die-besten-schlafwagen-2094502.html. Aufgerufen am 13.6.2014.

Thon, Jan-Noël (2009): Zur Metalepse im Film. In: Probleme filmischen Erzählens. In: Birr, Hannah/Reinerth, Maike Sarah/Thon, Jan-Noël (2009): Probleme filmischen Erzählens. Münster: LIT. S. 85-110.

Terdiman, Richard (1985): Discourse/Counter-Discourse. The Theory and Practice of Symbolic Resistance in Nineteenth-Century France. Ithaca: Cornell University Press.

Wittgenstein, Ludwig (1967): Philosophische Untersuchungen. Frankfurt am Main: Suhrkamp.

Wulff, Hans Jürgen (1999): Uneigentlichkeit und Ironie in Niklaus Schillings Film Der Willi-Busch-Report. In: ders.: Darstellen und Mitteilen. Elemente der Pragmasemiotik des Films. Tübingen: Narr. S. 257-289.

Wulff, Hans Jürgen (2012): Ironie. In: Filmlexikon Uni Kiel. http://filmlexikon.uni-kiel.de/index.php?action=lexikon&tag=det&id=1840. Aufgerufen am 18.6.2014.

Wulff, Hans Jürgen (2014): Mehrdeutigkeit. In: Filmlexikon Uni Kiel. http://filmlexikon.uni-kiel.de/index.php?action=lexikon&tag=det&id=5589. Aufgerufen am 15.6.2014.

FILM- UND MEDIENWISSENSCHAFT

Herausgegeben von Irmbert Schenk und Hans Jürgen Wulff

ISSN 1866-3397

1 *Oliver Schmidt*
   Leben in gestörten Welten
   Der filmische Raum in David Lynchs *Eraserhead*, *Blue Velvet*, *Lost Highway* und *Inland Empire*
   ISBN 978-3-89821-806-1

2 *Indra Runge*
   Zeit im Rückwärtsschritt
   Über das Stilmittel der chronologischen Inversion in *Memento*, *Irréversible* und *5 x 2*
   ISBN 978-3-89821-840-5

3 *Alina Singer*
   Wer bin ich? Personale Identität im Film
   Eine philosophische Betrachtung von *Face/Off*, *Memento* und *Fight Club*
   ISBN 978-3-89821-866-5

4 *Florian Scheibe*
   Die Filme von Jean Vigo
   Sphären des Spiels und des Spielerischen
   ISBN 978-3-89821-916-7

5 *Anna Praßler*
   Narration im neueren Hollywoodfilm
   Die Entwürfe des Körperlichen, Räumlichen und Zeitlichen in *Magnolia*, *21 Grams* und *Solaris*
   ISBN 978-3-89821-943-3

6 *Evelyn Echle*
   Danse Macabre im Kino
   Die Figur des personifizierten Todes als filmische Allegorie
   ISBN 978-3-89821-939-6

7 *Miriam Grossmann*
   Soziale Figurationen und Selbstentwürfe
   Schauspieler und Figureninszenierung in Eric Rohmers *Pauline am Strand*, *Vollmondnächte* und *Das grüne Leuchten*
   ISBN 978-3-89821-944-0

8 *Peter Klimczak*
   40 Jahre ‚Planet der Affen'
   Zeitgeist- und Reihenkompatibilität – über Erfolg und Misserfolg von Adaptionen
   ISBN 978-3-89821-977-8

9 *Ingo Lehmann*
   Ziellose Bewegungen und mediale Selbstauflösung
   Das absurde «Genrefilm-Theater» Monte Hellmans
   ISBN 978-3-89821-917-4

10 *Gerd Naumann*
    Der Filmkomponist Peter Thomas
    Von Edgar Wallace und Jerry Cotton zur Raumpatrouille Orion
    ISBN 978-3-8382-0003-3

11 *Anja-Magali Bitter*
    Die Inszenierung des Realen
    Entwicklung und Perzeption des neueren französischen Dokumentarfilms
    ISBN 978-3-8382-0066-8

12 *Martin Hennig*
    Warum die Welt Superman nicht braucht
    Die Konzeption des Superhelden und ihre Funktion für den Gesellschaftsentwurf in US-amerikanischen Filmproduktionen
    ISBN 978-3-8382-0046-0

13 *Esther Lulaj*
    Nimm (nicht) ab!
    Zur Funktion des Telefons im Spielfilm – Von Metropolis bis Matrix
    ISBN 978-3-8382-0125-2

14 *Boris Rozanski*
    Das ungleiche Liebespaar in der 'Screwball Comedy'
    Paarbildung und Selbstfindung von Frank Capras *It Happened One Night* bis zu Jonathan Demmes *Something Wild*
    ISBN 978-3-8382-0145-0

15 *Carolin Lano*
    Die Inszenierung des Verdachts
    Überlegungen zu den Funktionen von TV-mockumentaries
    ISBN 978-3-8382-0214-3

16 *Christine Piepiorka*
    LOST in Narration
    Narrativ komplexe Serienformate in einem transmedialen Umfeld
    ISBN 978-3-8382-0181-8

17 *Daniela Olek*
    LOST und die Zukunft des Fernsehens
    Die Veränderung des seriellen Erzählens im Zeitalter von *Media Convergence*
    ISBN 978-3-8382-0174-0

18 *Eleonóra Szemerey*
    Die Botschaft der grauen Wand
    Über die Vermittlung von Hoffnung und Hoffnungslosigkeit in Aki Kaurismäkis Verlierer-Filmen
    ISBN 978-3-8382-0222-8

19 *Florian Plumeyer*
    Sadismus und Ästhetisierung
    Folter als kultureller und filmischer Exzess im Gegenwartskino
    ISBN 978-3-8382-0188-7

20 *Jonas Wegerer*
    Der nahe Fremde: Der amerikanische Western in den Kinos der Bundesrepublik Deutschland (1948-1960)
    Eine rezeptionshistorische Analyse
    ISBN 978-3-8382-0307-2

21 *Peter Podrez*
   Der Sinn im Untergang
   Filmische Apokalypsen als Krisentexte im atomaren und ökologischen Diskurs
   ISBN 978-3-8382-0254-9

22 *Yvonne Augustin*
   Episodisches Erzählen im Film
   Alejandro González Iñárritus Filmtrilogie AMORES PERROS, 21 GRAMS und BABEL
   ISBN 978-3-8382-0335-5

23 *Julia Steimle*
   Fiktive Realität – reale Fiktion
   Realitätsebenen und ihre Integration im Hollywood-Backstage-Musical, untersucht anhand von THE BROADWAY MELODY, GOLD DIGGERS OF 1933, THE BAND WAGON, ALL THAT JAZZ und MOULIN ROUGE!
   ISBN 978-3-8382-0319-5

24 *Jana Heberlein*
   Die Neue Berliner Schule
   Zwischen Verflachung und Tiefe: Ein ästhetisches Spannungsfeld in den Filmen von Angela Schanelec
   ISBN 978-3-8382-0407-9

25 *Karoline Stiefel*
   Geistesblitze und Genialität – Bilder aus dem Gehirn des Detektivs
   Die Visualisierung von Imagination in den TV-Serien SHERLOCK und HOUSE, M.D.
   ISBN 978-3-8382-0522-9

26 *Stephanie Boniberger*
   Musical in Serie
   Von Buffy bis Grey's Anatomy: Über das reflexive Potential der special episodes amerikanischer TV-Serien
   ISBN 978-3-8382-0492-5

27 *Phillip Dreher*
   Morin und der Film als Spiegel
   Eine theoriegeschichtliche Verortung der Filmtheorie von Edgar Morin
   ISBN 978-3-8382-0486-4

28 *Marlies Klamt*
   Das Spiel mit den Möglichkeiten
   Variantenfilme – Zwischen Multiperspektivität und Chaostheorie
   ISBN 978-3-8382-0811-4

29 *Ralf A. Linder*
   Zwischen Propaganda und Anti-Kriegsbotschaft:
   Die Darstellung des Krieges im US-amerikanischen Spielfilm als Indikator gesellschaftlichen Wandels
   ISBN 978-3-8382-0750-6

30 *Jana Zündel*
   An den Drehschrauben filmischer Spannung
   Zeit und Raum bei Alfred Hitchcock.
   Verzögerungen und Deadlines, klaustrophobische und expansive Räume
   ISBN 978-3-8382-0940-1

31 *Seraina Winzeler*
Filme zwischen Spur und Ereignis
Erinnerung, Geschichte und ihre Sichtbarmachung im Found-Footage-Film
ISBN 978-3-8382-0414-7

32 *Tobias Dietrich*
Filme für den Eimer
Das Experimentalkino von Klaus Telscher
ISBN 978-3-8382-1094-0

33 *Silvana Mariani*
O Canto do Mar: Die Ästhetisierung von Realität?
Reflexionen über den Realismus bei Alberto Cavalcanti
ISBN 978-3-8382-1100-8

34 *Marius Kuhn*
Im weiten Feld der Zeit: Die filmischen Transformationen des Romans *Effi Briest*
ISBN 978-3-8382-1141-1

35 *Noemi Daugaard*
Grauenvolle Atmosphären: Tondesign und Farbgestaltung als affektive und subjektivierende Stilmittel in THE SILENCE OF THE LAMBS
ISBN 978-3-8382-1190-9

36 *Selina Hangartner*
Wild at Heart and Weird on Top: Spielformen der Ironie im Film
ISBN 978-3-8382-1214-2

ibidem.eu

www.ingramcontent.com/pod-product-compliance
Lightning Source LLC
Chambersburg PA
CBHW070740230426
43669CB00014B/2520